全球史 —人 类 文 明 新 视 野—

STUPOR MUNDI
STORIA DEL MEDITERRANEO
IN TRENTA OGGETTI

Paolo Giulierini

惊奇之旅

30 件展品中的地中海历史

[意] 保罗·朱里叶里尼 著

石豆 韩文琪 译/校

中国社会科学出版社

图字：01-2022-5222 号
图书在版编目（CIP）数据

惊奇之旅：30 件展品中的地中海历史/（意）保罗·朱里
叶里尼著；石豆，韩文琪译.—北京：中国社会科学出版社，
2023.8
（鼓楼新悦）
ISBN 978-7-5227-2125-5

Ⅰ.①惊… Ⅱ.①保… ②石… ③韩… Ⅲ.①地中海区—历
史 Ⅳ.①K10

中国国家版本馆 CIP 数据核字（2023）第 115777 号

出 版 人　赵剑英
项目统筹　侯苗苗
责任编辑　侯苗苗　　兰钧雯
特约编辑　张雪梅
责任校对　王　龙
责任印制　王　超

出　　　版　中国社会科学出版社
社　　　址　北京鼓楼西大街甲 158 号
邮　　　编　100720
网　　　址　http://www.csspw.cn
发 行 部　010-84083685
门 市 部　010-84029450
经　　　销　新华书店及其他书店

印刷装订　北京君升印刷有限公司
版　　　次　2023 年 8 月第 1 版
印　　　次　2023 年 8 月第 1 次印刷

开　　　本　880×1230　1/32
印　　　张　10.625
字　　　数　205 千字
定　　　价　96.00 元

世界是一本书，

若不踏上旅程，只是读了其中一页。

——奥古斯丁

目　录

致中国读者

雄鹰与巨龙，罗马与中国，古代世界毋庸置疑的两个伟大帝国。其伟大不仅在于军事实力，也体现在组织能力、基础设施、防御工事、文学艺术以及哲学宗教之上。自公元前1世纪末起，两大帝国分别在东西方开疆拓土。与此同时，在沙漠和草原之间，商人和使团开始互通，条条商路漫漫蜿蜒，丝绸之路联结起了两个世界。再之后，两大帝国的边境都受到了匈奴的威胁。地球东西两端，两大帝国注定要在用秩序对抗无序的过程中，为人类文明的发展铺就土壤，并以诗歌、文学、绘画和雕塑的形式呈现出来。

如今，《惊奇之旅》由中国社会科学出版社出版，通过那不勒斯国家考古博物馆的30件文物，我们想要向读者展示的，不仅是复杂的罗马社会孕育出的"美丽宣言"，更想借此书反思对于东西文明均十分重要的主题，例如商贸、教育、神话、时尚等。那不勒斯国家考古博物馆很荣幸能够充当新时期的马可·波罗，走进中国，巩固东西方延续千年的联系。为此，我们也要向中国政府致以谢意。很高兴地看到，中国的考古学家们也在做同样的努力，他们从中国的视角讲述类似的故事,或举办大型展览,呈现东西方文明的辉煌成就。在文化背后,永远是怀有情感、希望和需求的"人"。在每一个历史时期,人们都会提出问题,并求索答案。

最后,特别感谢中国社会科学出版社侯苗苗编辑,以及南开大学石豆、韩文琦两位译者,正是在他们的共同努力之下,这部作品才得以用美妙高贵的中文呈现在读者面前。

保罗·朱里叶里尼

那不勒斯国家考古博物馆馆长

文物列表

Rilievo con testa femminile	女性头部浮雕
Europa su toro	骑在公牛背上的欧罗巴
Stele di Amenhotep	阿蒙霍特普石碑
Ercole Farnese	法尔内塞收藏海格力斯雕像
Statuetta di elefante da guerra	战象雕塑
Danzatrici di Ruvo	鲁沃舞女
Statua di Iside	伊西斯雕像
Venere in bikini	穿比基尼的维纳斯
Venere Lovatelli	洛瓦泰利的维纳斯
Lotta tra Pompeiani e Nocerini	庞贝人与诺切拉人的冲突
Bacco e il Visuvio	巴克斯与维苏威火山
Tiberio	提比略
Bambola in osso	可拆卸陶土娃娃
Carrellino in bronzo	铜质小推车
Affresco di Enea ferito	负伤的埃涅阿斯壁画
Iscrizioni Epigrafiche	铭文

引言：访古之旅

每当想到地中海，我们就会自动被拉进这样一个世界：那里阳光明媚，色彩绚烂，有原始的音乐，古老的宗教和悠久的文明。不同的民族与文化，像规律涨落的潮水，在漫长的历史进程中不断交替、碰撞、融合，使这片区域成为一个巨大的文化熔炉。无论这些民族来自非洲、欧洲，还是亚洲，终会随着时间的推移，在新的环境中被重塑。

在腓特烈二世建于巴勒莫的宏伟宫殿中，宗教和文化背景各异的知识分子齐聚一堂。这位君主的功绩令人称奇，被誉为"旷世奇才"[1]（Stupor mundi），本书标题《惊奇之旅》正是受此启发。身为诺曼人的腓特烈二世在来到西西里后，很快调和了拜占庭和阿拉伯的影响与自己的北欧特质。然而，这种我们今日称为"熔炉"的趋势，并非中世纪独有，还存在一个在今天看来或许更为惊人的古代世界。从古至今，无数族群在这片被海岸包围的广阔水域中相

---

[1] 在古罗马，这个词与伟大的军事事件或战争活动有关，是对一个将军才能的褒奖。——译者注

遇，先是埃及人、腓尼基人、弥诺斯人和迈锡尼人，而后是希腊人、伊特鲁里亚人、古意大利人和古罗马人，最后是德国人、斯拉夫人、阿拉伯人和土耳其人。如今，这里又有了更多民族的踪迹。

有人说，想要完全理解古地中海，就必须追溯这片海域上贸易往来的线路，这不无道理。与阿拉伯和印度的香水、香料贸易，与中国的丝绸贸易，都在其中扮演着不可或缺的角色。

现如今更是如此。对于这片古时被称作"我们的海"的有限水域，想要理解其当代意义，就必须具备全球视野，在时间和空间维度上进行比照。只有这样，我们才能更加清楚地认识到，对所谓身份特质与本位主义的辩护是根本站不住脚的。

想想所谓的特色饮食，比如最近被列入联合国教科文组织非物质遗产名录的比萨，其制作所需的西红柿并非产自地中海，而是来自新大陆。但比萨的确诞生于地中海，且随着时间推移，成为那不勒斯的象征。

又比如，产自国外的咖啡豆，在不远万里来到意大利后，摇身一变，成为人人赞不绝口的"意式浓缩"咖啡，即使在国外也被视作意大利特质的象征。还有我们口中的"瑞士巧克力"，或某地特产的丝绸等，这些描述都远非准确。

各种其他宗教与基督教仪式就更不用说了。如今，尤其在一些宗教氛围浓厚的城市，调和主义仍在延续，宗教与世俗的元素不断交融，数不尽的神话形象在持续演变的过程中，以各种各样的形式保持着生命力。

那我们谈论的"身份特质"到底是什么呢？也许唯一的答案是，面对新事物，即便有过最初的恐惧与不信任，地中海的居民也天然地选择认识它，重新诠释它，并与之共存。简而言之，"闯入者"成为有机体的一部分，使原有框架变得更为丰富多彩。

虽然我们可以用许多方式来开启一场寻找共同身份（它应使我们团结，而非分裂）的访古之旅，比如阅读或乘飞机出行，但这一次，我们选择以博物馆为起点。作为艾瑞·德·卢卡口中"古代世界最大的典当铺"，那不勒斯国家考古博物馆将用丰富的藏品，为我们开启这场旅行。

我们将看到远古世界的雕像、壁画和文物，前往许多时常被遗忘的地方：从特洛伊到撒马尔罕，从埃及到迦太基，从庞贝到克里特岛。我们将探寻神话人物鲜为人知的一面，重新认识阿喀琉斯、奥德修斯和美狄亚；我们将聆听历史伟人被遗忘的故事，重新走近亚历山大大帝、奥古斯都、提比略以及许多其他名人。

这段旅程将促使我们反思许多当前的问题，并最终反思我们自己。

面对文化，如果我们仍能深受震撼；面对广博未知的知识，如果我们依旧热血沸腾；想到"我们知道的一切均有先例"，如果我们能会心一笑,那我们将获得前所未有的机遇,即不沿着错误的方向重蹈覆辙。

愿这本书为开启这段旅程起到微薄的助推作用。

我梦想着一个这样的地中海和世界:餐桌上摆着各色菜肴,用产自传说之地的香料烹制,人们品尝着美食,开着玩笑,给孩子们讲述在阿特拉斯山最神秘的山谷或德国黑暗森林里发生的故事。因为所有孩子都值得拥有一个让幻想驰骋的世界。

我把这本书献给我的儿子达维德和我的孙女玛丽亚,并和他们一起,把它献给所有年轻人,他们值得拥有一个比我们所创造的更好的世界。在翻阅本书时,哪怕有一个人能感受到一丝震撼,并意识到每个人、每种文化都有不可估量的价值,那么我们的努力就没有白费。

本书也是我自己的一次漫长时空之旅。走在那不勒斯国家考古博物馆的长廊,我每天都能重新发现艺术蕴含的美的奇迹。因此,我首先要感谢出版人,特别是弗兰切斯卡·萨尔西,是她让我决心踏上这场新的冒险。

感谢那不勒斯国家考古博物馆的同事,以及其他我曾经共事过的工作人员,他们是博物馆的宝藏,是推动博物馆发展的真正动力。

感谢那不勒斯国家考古博物馆摄影实验室的劳拉·福特、安娜·

皮扎和乔治·阿尔巴诺，他们为采集和加工图像做出了重要贡献。正是得益于这些出色的工作人员，我们才能欣赏到博物馆里色彩鲜活的文物图片。

感谢弗朗西斯卡·帕维斯，她极具想象力和奉献精神，绘制了本书开头的文物地图。

感谢亚历山德拉·塞尔米和"乱数假文"出版社，他们的细心与热情陪伴我完成了这本书。感谢塞雷娜·文迪托，是她把我们聚到一起。

最后，感谢所有愿意跟随我踏上这段时空旅行的人，让我们一起巡礼传世的宝藏，用知识打造让所有人和谐共处的理想之地。

鹰与龙　1

埃尔科拉诺出土的一幅壁画描绘了一对夫妇同席用餐的经典场景，画中两人均身着华丽的金色衣物，坐在克里奈[1]上，男人举着牛角杯，女人头戴发网。他们旁边有一张小桌子，上面放着玻璃碗，一个女仆站在他们身后，像是正在等待指示。画中女人衣服质地透明，十分引人注目，这极有可能是昂贵稀有的丝绸。我们的访古之旅，正是从探秘丝绸的起源开始。

为此，我们要先把目光投向万里之外看似与地中海毫不相干的中国。实际上，罗马与古代中国两大帝国在存续时间、领土范围、文化影响以及行政治理等方面，都有许多相似之处。

秦始皇统一六国后，中国建立封建帝制，兵马俑和古长城都是这位皇帝的杰作。秦末农民起义，刘邦建立了汉朝，他是一位杰出的政治家。如果说秦始皇的功绩在于统一了中国，那汉朝则推进了中国的繁荣，并逐步建立与巩固了与西域的关系。

当汉朝的军事与文化影响力迈向巅峰时，同时期的罗马帝国同样迎来鼎盛时代。公元前206年—公元220年的400多年间，中国领土迅速扩张，文化、农业和科学取得了显著进步，其中就包括造纸术的发明。与此同时，罗马帝国也开始向东方扩张，经济、贸易、

---

[1]　古希腊家具，源自希腊语"kline"，兼具床、躺椅和沙发的功能。可以斜躺在上面喝酒、就餐、交流和娱乐。——译者注

图 1 用餐者与女仆，壁画，那不勒斯国家考古博物馆①

政治和文化都经历了深刻变革。在此过程中，丝绸之路借势崛起，东西贸易往来越发频繁，货物开始从罗马流通到印度，并最终抵达中国。

丝绸作为一种闻所未闻的珍贵面料，让罗马人惊叹不已。对此，需要补充几句题外话，解释一下罗马人是如何以一种非同寻常且惨烈的方式接触到丝绸的。相传，在公元前 53 年的卡莱战役[1]中，克拉苏（Crasso）率领的军队遭遇惨败。七个军团共计约 35000 名士兵和 8000 名辅兵，在几小时内被苏雷纳率领的帕提亚人击溃，克拉苏和他的儿子普布利乌斯也在战斗中丧生。此外，传说帕提亚君主下令，将熔化的黄金倒入克拉苏的喉咙，以惩罚他因贪图黄金而远征至此，这比但丁笔下的惩罚方式还要早得多。这是第一次，古罗马人被敌军盔甲发出的光芒晃得睁不开眼，更为敌军精致的军旗及其柔软的质地惊叹不已。根据一些学者的说法，战败的军队中有许多士兵沦为阶下囚，并被卖给匈奴人为奴。公元前 36 年，陈汤将军与匈奴交战，古罗马的俘虏被征召为雇佣兵。中国史书记载，这些士兵懂得建造桥梁（古罗马土木工程兵部队的典型特征），并会使用名为"鱼鳞阵"（相当于古罗马的"龟甲阵"）的特殊战术。中国人随后将古罗马的囚犯驻扎在甘肃省，安置囚犯的地方名为"骊靬"，中国人用来指代西方，译为亚历山大（当时属罗马帝国）。公元 9 年，新朝皇帝王莽下令，要求城市的名称反映其实际功能，骊靬因此改名为"揭虏"，

---

[1] 卡莱（Carre）也被称作哈兰，位于土耳其东部。

意为"圈养的囚犯"或"被虏的战俘"。总之,一群体貌迥异的罗马人在中国新城定居,他们直鼻、浓眉、有的有卷曲的棕发或红发,皮肤白皙、身材高大,中国人称他们为"长鼻子"(这个词常用来形容西方人)。但无论如何,他们自认为是著名的古罗马军团的后裔。[1]

回到正题,早在公元前 130 年,东西方就建立起了商贸联系。中国皇帝专门向帕提亚和叙利亚派遣使节,以加强外贸控制,签署贸易协议,同时稳固自己作为东方主要贸易中心的地位。然而,直到公元 1 世纪末,罗马帝国才出现有关中国及其习俗的文献。根据古罗马历史学家弗罗鲁斯(Floro)的描述,公元前 31 年亚克兴战役胜利后,各国纷纷向罗马派遣使节,恭贺奥古斯都重振了罗马帝国的辉煌。据他所说,中国也派出了自己的使者,带来了大象、宝石和珍珠作为贺礼,且这些贺礼因旅途漫长(耗时整整 4 年才最终抵达)而备受珍视。在弗罗鲁斯笔下,这些使者有着不同的肤色,仿佛"来自另一个星球"。到公元 1 世纪前后,商人普遍选择以帕提亚为中介开展东西方贸易,而帕提亚人则对进出的货物进行管理并征税。无论是对罗马帝国还是汉朝而言,帕提亚都扮演着不可或缺的角色。公元 97 年,在一次针对匈奴的军事行动中,班超派遣

---

[1] 上述故事基于"罗马军团流落中国"的假说,但缺乏足够的科学和文献支持。——译者注

甘英出使罗马。在甘英到达波斯湾，准备登船前往罗马时，帕提亚人出现了。他们为甘英描述了一个比实际情况更漫长、更艰难的旅程，甘英听后大惊失色，掉头返航，与古罗马皇帝的会面也未能成行。这样一来，帕提亚人确保了其丝绸之路中间商的身份，以从中获利。很明显，面对古罗马的大使，帕提亚人也用了同样的招数。

两大帝国的直接接触发生在公元 166 年，那一年，古罗马人经埃及、厄立特里亚海、印度、马来半岛、印度支那和越南终于到达中国。这是中国人第一次见到来自大秦（中国人对罗马帝国的称呼）的使者。从那时起，罗马商人越来越频繁地在扶南（今柬埔寨）登陆。此后，双方再无直接接触，一直到公元 3 世纪初，古罗马向魏明帝曹叡（公元 227—239 年）送去了礼物和珍贵的彩色玻璃制品。古罗马关于中国最后的记载可追溯至马可·奥勒留·卡鲁斯，他于公元 284 年派出了使者。

罗马帝国不仅知道中国，还非常欣赏中国的商品，尤其是丝绸。老普林尼[1]认为，丝绸是通过将树的一部分浸泡在水中获得的。他批评丝绸价格过高，并认为其有煽动情欲的作用。然而，丝

---

[1]　Plinio il Vecchio，古罗马作家，其写于公元 77 年的百科全书式著作《博物志》流传至今，是当时自然科学知识的总汇，对今天了解古代自然科学发展情况有一定参考价值。——译者注

绸衣物，也就是老普林尼口中的"透明衣物"，却受到古罗马贵妇人的追捧，并最终成为身份的象征。很快，中国被视为"丝绸之国"，还因此获得许多与之有关的名字，比如塞里斯（Serinde）[1]、西里卡（Sirica）和塞里库姆（Sericum）。古罗马人非常钦佩中国人，在他们眼中，中国人文明程度极高，待人友善，爱好和平。

众所周知，丝绸通过帕提亚人抵达罗马帝国，但古罗马人对于这种珍贵的纺织面料的生产过程却知之甚少。事实上，在地中海地区也有其他类型的丝绸。在科斯岛，当地人用一种野生蚕的蚕丝生产粗制丝绸。但与中国的传统缫丝工艺不同，科斯人用梳子梳理蚕茧获得蚕丝（那不勒斯考古博物馆珍藏着一卷庞贝出土的丝轴，让我们时至今日还能看到这种原始丝绸的样品）；虽然不如中国丝绸那样完美，但这种以轻巧透明闻名罗马帝国的织物，终于可以实现自产。在中国南方、印度和波斯，人们主要通过桑蚕生产丝绸。《后汉书》中还提到了足丝，这是一种稀有昂贵的原材料，用海底巨型软壳动物的金色分泌物织成，所得到的织物极其精细柔滑，还可以染成不同的颜色。但真正的丝绸还是指长安的丝绸，这种面料质地柔软，洁白莹亮，是唯一能被完全染色的织物。

---

[1] 对应今天的新疆。

图 2　芙罗拉女神，壁画，那不勒斯国家考古博物馆②

得名于这种珍贵织物的丝绸之路延续了 2000 多年，长达 8000 千米，从今天的西安一直延伸到雅典和君士坦丁堡。而"丝绸之路"这一名称则是由德国地理学家费迪南·冯·李希霍芬在 19 世纪下半叶提出的。丝绸之路是世界历史上最长，也是最重要的陆上贸易路线，连接了两个截然不同的世界。从汉朝到欧洲文艺复兴时期，来自中国的商品经丝绸之路被运往威尼斯、罗马和意大利其他城市。还有许多人认为，丝绸之路是经济和文化全球化的雏形，因为这条路上流通的不仅有珍贵的商品，还有人员、技术、文化、知识、宗教。

丝绸之路上的贸易为中国创造了财富，促进了经济发展，其中丝绸自然是当仁不让的主角。丝绸轻巧且易于运输，在古罗马的价值堪比黄金。除了丝绸，瓷器是另外一种重要商品，其生产制造可以追溯至明朝（公元 1368—1644 年）。虽然瓷器重且易碎，但仍广受喜爱。

说起冒险和丝绸之路，就不能不提到历史上一位非常著名的旅行家——马可·波罗。1254 年，马可·波罗生于威尼斯，他撰写的《马可·波罗游记》是一部名副其实的地理百科全书，涵盖了 13 世纪欧洲关于亚洲的所有基本认知。1271—1295 年，马可·波罗跟随父亲尼科洛和叔叔马泰奥沿着丝绸之路一路向东，并最终踏上了中国元朝的土地。既是使者也是商人的马可·波罗详细描述了元朝的人口和经济情况。他于 1295 年回到威尼斯，当时已经积累了可观的财富用于投资家族企业。他虽然不是第一个到达中国的欧洲人，但却是第一个详细记录下旅程的人，这激励了之后的欧洲旅行家

（尤其是哥伦布），也为西方制图学提供了线索和素材。

得益于丝绸之路，中国的一些发明传到了西方，造纸术无疑就是其中之一，它的出现给出版界和文化界带来了颠覆性的影响。此外，造纸术与活字印刷术一起，促成了一系列科学革命和工业革命。

另一项重要的发明是火药。火药于公元900年前后诞生于唐朝，因蒙古人而得到传播。火药从根本上改变了战争方式，因此也改变了国界的政治含义。借助新型武器，军队能够更迅速、更有效地摧毁城市防御工事，击溃敌军。

在新发明从中国走向西方的同时，一些宗教和思想流派也沿着丝绸之路向相反的方向传播。除佛教外，元朝也向伊斯兰宗教和文化敞开了大门。就基督教而言，尽管东西方有过早期的交流，但直到17世纪，耶稣会士利玛窦才在中国建立了第一批被明朝承认的教堂和教区。反观西方，由于基督教等主要宗教已广泛传播，儒教和道教等中国传统思想流派在这里的传播和影响十分有限。

最后，不得不提的是丝绸之路上动植物的流通。牲畜和新作物的贸易显然影响了农业和经济，各种新的蔬菜和水果品种被引入中国，改变了人们的饮食习惯；马、骆驼和羊的进口，也对促进国家发展起到了关键作用。

西方传入中国的农作物包括小麦、豆角、紫花苜蓿、芝麻、洋葱、黄瓜、胡萝卜、石榴、葡萄、无花果、西瓜和其他瓜类。原产于新月沃土的小麦于公元前 2800 年前后开始通过河西走廊传到中国，大米和小米则在公元前 5 世纪至前 2 世纪从东方传入欧洲。

14 世纪末明朝建立后，丝绸之路开始没落。海运使商品运输变得更加快捷、经济和安全，陆路运输路线因此逐渐衰落。

20 世纪 30 年代，日本入侵中国，并控制了中国大部分海岸线和港口，丝绸之路重新登上历史舞台，但作用却与之前完全不同。1937—1941 年，苏联通过西北国际交通线，向中国输送了武器和各种援助。

2013 年，中国政府提出"一带一路"倡议，主要项目包括高速铁路、高速公路和其他用于连接中欧的现代基础设施建设。这一倡议将重振丝绸之路贸易，并吸引更多游客参观古丝绸之路沿线城市，促进旅游业的发展。

就像两千多年前那样，如今在贸易的驱动下，鹰（如今也象征着美国）与龙可能再次相遇。

图注：

①画中女性人物的透明黄色衣物或由丝绸制成。

②画中女性人物身穿透明的黄色长袍，一般被认为是花神芙罗拉。斯塔比亚，公元 1 世纪上半叶。

2

印度之魅：胡椒、冥想和苦修者

1939 年，在庞贝考古挖掘时，考古学家阿梅代奥·马尤里在一个装有家用器皿的木箱中，发现了一件不同寻常的文物——一座印度象牙小雕像。文物出土的地方也因此得名"印度雕像之家"。该雕像塑造了一个在印度十分常见的场景：一位身材婀娜的女性正在梳洗打扮，身旁站着两名年轻的女仆（从二人平缓的胸部可以看出）。女人佩戴着众多珍贵饰品，但未着衣物，赤身裸体，留着精心梳理的长发，而这一切都指向了一些明确的社会符号——财富、富足和生育力。她额头佩戴头饰，胸前挂着造型丰富的项链，手腕和脚踝还戴着许多环状饰品。雕像有一个从女人头部延伸到腰部的内孔，由此推断，该器物很有可能被用作家具的支撑物，或盥洗用具的把手。该雕塑现藏于那不勒斯国家考古博物馆。

这个女人会是谁呢？首先，虽然很多人认为她是幸运和财富女神拉克什米，我们却可以排除这个猜测，因为这位女神从未出现在这种家庭化的场景中。雕像塑造的女人更可能是"夜叉女"——一个半人半神的女性，与自然界和人类社会生活的繁荣福祉紧密相关。

该雕像可追溯至百乘王朝（公元前 1 世纪至公元 3 世纪），出产于印度中部地区，且可能后来又到了印度北部，因为雕像底座刻着该地区典型的佉卢文字母，是指导组装复合工具的标志。

图 3　拉克什米，象牙雕像，那不勒斯国家考古博物馆

印度小雕像的发现，展示了罗马帝国时代贸易交流的广度。除了用于彰显社会地位（正如女士首饰盒中产自亚洲的珍珠），该雕像还是罗马与印度交流的证明。另外一个重要证明是写于公元1世纪的《厄立特里亚海周航志》，历史学家和考古学家认为，该书是重建地中海和印度洋联系的指导性文献之一。

《厄立特里亚海周航志》分为66章，记录了红海、印度洋和波斯湾之间的航运路线，并提到了相关港口。虽然翻译成意大利语后，标题变为《环游红海》，但原标题中的"厄立特里亚海"范围要大得多，包括波斯湾和印度洋。原著用希腊文撰写，现已失传，其作者很可能是古罗马时期的一名埃及商人。此书能流传至今，得益于一份公元10世纪的拜占庭手稿，现藏于海德堡大学图书馆。

人们在庞贝还发现了一幅有趣的图画，画中十分详细地描绘了扬帆航行的"欧罗巴号"。考古学家马尤里认为，"欧罗巴号"属于一位曾穿越印度洋的古罗马商人，在"印度雕像之家"发现的其他船只涂鸦证实了这种说法。

能够远洋航行的商船大多与"伊西斯号"类似，后者满载粮食，从埃及亚历山大出发，中途经停比雷埃夫斯，之后驶向罗马。"伊西斯号"商船长55米，宽15米，有一个13米深的船舱，可以装载多达1300吨的货物。当然，还有一些豪华游艇也能远洋航行。锡拉库萨国王希伦二世游船上铺着大理石地板，还配有健身房、花园、图书馆和浴室；克莱奥帕特拉的游船有金色的船尾，紫色的船帆和银色的船桨，还有管弦乐队助兴；又比如卡利古拉的游船，专门用于组织坎帕尼亚海岸的聚会。然而，这些巨型船主要用于盛大庆典。

在庞贝还出土了来自红海的砗磲、玳瑁、红玉髓和波斯湾的珍珠，这些发现再次勾勒出了一条东西方的贸易路线。

在古罗马人之前，托勒密王朝和塞琉古王朝控制了与印度（当时在阿契美尼德王朝的统治之下）的贸易。托勒密王朝甚至在罗马人之前，就开始考虑与印度建立贸易协定，然而古罗马人介入后，很快击溃了竞争对手。随着古罗马人取代古希腊人控制地中海，与东方的直接贸易得到加强，以前由各种"中间商"收取的税款也随之取消。奥古斯都时代的历史学家斯特拉波告诉我们，每年都有多达120艘船从米奥斯·霍尔莫斯港[1]出发，驶向印度。

古罗马用于东西方贸易的三个主要港口分别是阿尔西诺伊港（今苏伊士）、贝勒尼基港和上面提到的米奥斯·霍尔莫斯港。在古罗马人之前，法老和托勒密时代的埃及商人就已经开始使用这些港口。为了将贸易运输转移到海上航线，古罗马人还特意疏通了托勒密运河，它是连接尼罗河和红海阿尔西诺伊港的重要水运通道。

---

[1] 也被称为红海上的"老鼠港"。

同时期印度的主要港口和战略性贸易中心包括巴巴里克（今卡拉奇）、巴里加扎（今布罗奇）、穆济里斯（今科东格阿尔卢尔）和阿里卡梅杜。《厄立特里亚海周航志》也描述了这个繁荣的贸易世界：来自希腊和罗马的商人在巴巴里克出售"衣物、绣花亚麻布、黄宝石、珊瑚、琥珀、乳香、玻璃器皿、金银和酒"，以换取"云木香、求求罗香、枸杞、甘松、绿松石、青金石、丝制衣物、棉制衣物、丝线和靛蓝"。在巴里加扎港，他们可以买到小麦、大米、芝麻油、棉花和衣服。这座"城市市场"的贸易异常繁荣，进口商品各种各样，五花八门。

据《厄立特里亚海周航志》记载，许多希腊水手与位于印度南部喀拉拉邦的穆济里斯有着密切的贸易往来，这座城市是罗马帝国的主要贸易中心之一。穆济里斯有许多从阿拉伯和希腊来的货船。该城沿河而建，从廷迪斯到海边相距500水准尺，沿河到港口20水准尺。

阿里卡梅杜距离今天的本地治里约3千米。1937年发现的古罗马陶器表明，这座古城是一个贸易站点，在公元1世纪上半叶，来自罗马的商品正是从这里进入印度的。

在帕塔南的考古挖掘中，出土了大量钱币和双耳瓶，这激发了学界对这座城市的考古兴趣，以确定其在东西贸易史中的区位价值。

在来自印度的众多新奇商品中，最抢手的是胡椒，也就是所谓的"古代黑色黄金"。胡椒在罗马帝国时期用途广泛，既可食用，也可药用。相较于其高昂的价格，胡椒实际上没有任何营养价值。尽管如此，人们依然趋之若鹜。这听起来似乎很荒谬，却也让事情变得更有趣了。一些古代作家在提到胡椒时，常不加掩饰地进行讽刺，以批判上层社会追求无意义的享乐之风。

胡椒原产于印度西南海岸，在共和时期传入古罗马。古罗马人大量进口胡椒，因为它不仅可以为菜肴增加风味，还能作为防腐剂使用。在罗马著名美食家阿皮基乌斯（公元前 1 世纪至公元 1 世纪）的名著《论烹饪》中，胡椒出现在 464 个食谱中，而"胡椒"一词共出现了 474 次。无论口味是咸是甜，食材是荤是素，做法是多次加工，还是调味腌渍，胡椒总是必不可少。"黑色黄金"成了许多食谱的基本调料，为不同菜肴增添了独特香味。然而，从当时文献中关于大量进口印度胡椒的数据来看，这本食谱的作者似乎过分夸大了胡椒的使用范围。

如今我们也许觉得胡椒的味道很正常，但对于第一次品尝它的古人而言，那种味道一定很古怪。作为胡椒的批判者之一，老普林尼在《自然史》中写道："胡椒变得如此流行令人震惊。……它本身没有任何优点足以让它像其他农产品那样受人追捧，它唯一的特点就是辣，这也是为什么我们现在要从印度进口它！我很好奇，是谁第一个把胡椒作为食品的？又是谁不愿只是单纯地填饱肚子，而非要追求一些独特的味道？"

罗马与印度的频繁贸易一直持续到罗马波斯战争。在这场战争中，拜占庭控制的地区被萨珊王朝的霍斯劳二世占领，随后又被希拉克略皇帝收复。大约十年后，阿拉伯人在阿姆鲁·本·阿斯的领导下扫荡了埃及。这次入侵标志着穆斯林征服埃及的开始，也标志着东西贸易要冲亚历山大等港口的沦陷。商业衰退迫使南印度将国际贸易重点转移到东南亚。15世纪，奥斯曼土耳其占领君士坦丁堡，土耳其开始控制欧亚贸易路线。

罗马和印度的贸易与丝绸之路上的贸易一样，不仅涉及商品交换，还涉及人员流动（罗马的"白人"奴隶被视作技艺娴熟的木匠、铁匠和建筑工人）和文化交流。埃塞俄比亚的阿克苏姆王国就将罗马文化与印度建筑风格融合在了一起。文化交流也催生了一些新的哲学和思想流派。例如，"苦修者派"正是在古希腊哲学家与古印度哲学家的交流中诞生的。意大利语中的"苦修者"（gimnosofisti）一词由拉丁语"gymnosophistae"演化而来，后者又来自希腊语"γυμνοσοφισταi"，可直译为"裸体智者"，在古希腊意为追求禁欲生活的智者。公元前326年，亚历山大大帝在东征印度结束之际，就曾遇到过当地的苦修者。

据普鲁塔克[1]所著的《亚历山大大帝传》记载，亚历山大大帝在塔克西拉城（今巴基斯坦）见到了他下令逮捕的十位当地苦修者，并向他们提出了一个由九个问题组成的谜语："印度的智者啊，如果你们想保住自己的性命，就请用最机智、最独特的方式告诉我，是活人多还是死人多？最大的动物是在陆地，还是在海里？哪种动物最狡猾？你们为什么要煽动萨巴国王造反？是先有白天，还是先有黑夜？怎样才能得到极致的爱？人如何才能成为神？生和死，哪个更强大？人活多长时间好？"苦修者有两个选择，要么每个人回答一个"不可能的问题"，要么被处死。亚历山大大帝费尽心机设计这些问题，正是为了惩罚那些煽动印度萨巴国王和当地民众进行抵抗的苦修者。这个游戏的规则十分残酷，回答得比别人差的人将最先被处死。不仅如此，亚历山大大帝还把裁决答案准确性的艰巨任务交给了第十位智者。为了破解死局，被选为裁判的苦修者尽可能地运用了各种论辩术，比如说"每个答案都比前一个差"[2]。而根据另一些人的说法，为了挽救自己和同伴的性命，第

---

[1]　Plutarco，古希腊历史学家。其传世之作《传记集》是希腊、罗马名人传记，多被后世取材改编为文艺作品。《传记集》开西方历史传记体之先河，影响后世甚巨。——译者注

[2]　听到裁判这样说，亚历山大大帝说："那就是说你的答案是最差的，所以你第一个被处死。"这时，裁判说："您之前说的是'回答得比别人差的最先被处死'，但除了第一个人，我们九个人每个都比别人差，所以无法确定谁最先被处死。"——译者注

十位苦修者回答道："国王啊，如果我的答案真的是最差的，那就意味着我裁判当得很好，所以我不应该死。反之，如果我裁判当得不好，那就意味着我的答案不是最差的，我同样不应该死。"亚历山大大帝听从了哪个答案并不重要，最后的结果是，他无法惩罚这些苦修者，把他们都放了。

但苦修者到底是些什么人呢？"苦修"一词本身意味着智慧、教义与禁欲生活（通过全裸或半裸的修行）的结合。因此，"苦修者"信仰神灵，通过与自然和谐共生表现智慧。他们以赤身裸体为荣，用圣水沐浴，并用绘画装饰身体。他们消除外在自我，灵肉融为一体。我们甚至可以将他们定义为极端主义，因为他们把食物和衣服视为对身体和心灵的玷污。与苏格拉底、毕达哥拉斯和犬儒主义者类似，苦修者反对西方哲学家对大自然的忽视，但也正因为以自然为中心，苦修者又被称为"无知的哲学家"，甚至被指责思想过于落后。通过强调肉身和回归本源的"赤裸"，苦修者蔑视物质财富，追求贫穷以净化心灵。时至今日，我们或许可以从印度耆那教的教徒[1]、印度仙人或瑜伽士的身上，看到对苦修者的沿承。

禁欲主义和裸体主义并非仅限于印度或东方，信奉基督教的欧洲也有"裸体智者"，他们是原教旨主义、异端教派亚当派和卡波

---

[1] 他们追求裸露身体，认为这是修行和禁欲主义的首要形式。

克拉底派的追随者。这些信徒对宗教经典熟稔于心，为恢复人类原始的纯粹与质朴，无论男女，全都一丝不挂地聚集在一起，就像伊甸园里的亚当和夏娃那样。一些研究者认为，这些教派早在公元130年就开始在埃及的亚历山大传播，也有一些学者认为，直到公元4世纪才开始传播。人们指责这些教徒不知羞耻，是双性恋者。此外，亚当派信徒还被指责乱交。这些教派的思想内核在欧洲的中心地带遗留下来，直到15世纪在教会对异端的迫害中才被彻底铲除。

始于东方的一些实践和活动延续至今，虽然有一些自相矛盾的地方，却始终保留着异国特色和崇尚自然的属性，例如当代的裸体主义，也就是信徒自称的"自然主义"，又比如以"发现自我"为目的的经典印度之旅。

实际上，印度之旅的传统早在2300年前就有记载。家境良好的古罗马和古希腊青年，带着和今天的年轻人一样的动机、不安和误解，去印度寻找苦修者，返回时就变成了素食主义者、印度哲学的信徒，甚至是裸体主义者。

当代著名的一次印度朝圣之旅的主角，是书写了欧洲流行音乐史的披头士乐队。1968年，乐队成员决定前往印度的一个静修院冥想，再次带动了东方自省之旅的风尚。

图4　班戈马哈里施静修院中的披头士，© Picture Alliance/Bridgeman Images

在乐队出发的前一年，也就是1967年，印度大师马哈里施·玛希什瑜伽士到达伦敦，下榻希尔顿酒店，在那里传授超然冥想课程。冥想可以使人们专注，远离噪音和外部世界，脱离物质主义，达到内心平和。披头士乐队深受东方传统文化元素吸引，甚至将其融入了音乐创作。此前，他们试图借助精神药物和致幻药物获得创作灵感，而与印度大师的相遇颠覆了一切。在马哈里施的带领下，乐队成员在威尔士班戈进行了为期10天的清修，并开始超然冥想。同去的有300余人，其中还有米克·贾格尔等著名歌手。

披头士乐队很快迷上了冥想。乔治·哈里森和约翰·列侬在接受媒体采访时表示，他们已被来自印度的智慧救赎。哈里森陷入神秘主义难以自拔，而政治意识更强的列侬则把印度的禁欲主义作为促进世界和平的一种手段。

依旧是在马哈里施的陪同下，乐队开启了一段新的修行之旅，他们来到了有着"世界瑜伽之都"之称的瑞诗凯诗。来自喜马拉雅山的恒河水顺流而下，横穿小城。凭借披头士乐队无可比拟的人气，这次朝圣之旅引发了全球广泛关注，印度在西方的形象也得到改善。

很多印度人视马哈里施为江湖骗子，还有一些人认为他不过是个商人。然而，他似乎的确拥有某种天赋和才华，例如，他让披头士乐队从唱片版税中抽取一定比例的收益，以资助他的"精神再生运动"，这无疑是天才之举。在其信众和一群今天被称为社交媒体经理人的帮助下，马哈里施管理着巨额财产，经营着"精神再生运动"的形象，并远离媒体的聚光灯。只有一名记者成功躲开监管，潜入披头士所在的静修院，这个人就是《星期六晚报》的特约记者刘易斯·拉帕姆。正是得益于他的作品《和披头士一起》[1]，我们才得以了解故事的全貌。

---

[1] 意大利语书名译作《披头士在印度》（*I Beatles in India*）。

拉帕姆回忆说,披头士乐队总是单独行动,不是创作歌曲,就是与马哈里施单独会谈,并且只有他们的住所配有自来水以及其他西方才有的便利设施。晚餐是唯一适合见面的时机,拉帕姆写道,乔治是最关注超验理论和实践的人。约翰戴着乳白色的眼镜,脸色苍白,看起来像一个极其专注又神秘的知识分子。他仔细研读马哈里施的著作,寻找能被视作真理的东西。林戈和保罗并未过多谈论冥想,乔治谈得比较多。林戈想念他的孩子和9只猫,觉得自己在利物浦也可以冥想。唯一看不惯马哈里施对乐队阿谀谄媚的似乎是保罗·麦卡特尼,他因这位大师称呼披头士为"世界青年的神圣向导"而恼火。

根据书中的描述,静修院并不像传统的东方冥想场所那样禁欲、静默,或漠视便利生活和物质财富。披头士乐队和同行的米娅·法罗等名人冥想的静修院是按照西方人的品味设计的,非常豪华。他们所在的平房用石头建造,并配备有英式浴室和家具。整个院子被铁丝网和紧闭的栅栏围住,时刻有专人看管。院内的生活十分平静,每天有英国厨师准备素食午餐,供他们在户外享用。一天中最主要的活动是冥想和听课,导师马哈里施会在布满鲜花的台子上向信徒授课。

为庆祝哈里森25岁生日,人们准备了蛋糕和烟花表演。马哈里施还邀请披头士乐队乘坐直升机和游船游览恒河。

披头士乐队4人先后和妻子一起返回家中。林戈最先回国，之后是麦卡特尼、哈里森，最后是列侬。哈里森和列侬都是突然离开的，因为他们对大师执着于金钱感到失望。当马哈里施问他们为什么不提前告知就离开时，约翰·列侬回答说："你是全知之人，你应该知道的。"两人在离开时很难打到出租车，因为大师已经严格指示，不要帮助逃跑的人。

20世纪70年代，马哈里施因一些未解决的税务问题离开了印度。曾经作为音乐爱好者以及披头士狂热粉丝朝圣地的静修院也逐渐荒废，后被印度当局征用，如今已面目全非。

正如亚历山大大帝的故事那样，印度及其苦修者也通过一段超验的经历影响了披头士乐队。作为旅行必不可少的一站，有时甚至是通向未知的起点，印度也许永远有一种神秘且强大的吸引力。

3

撒马尔罕的宝石

撒马尔罕，一个充满异域风情和神奇魅力的遥远古城。本章我们从这里出发，讲述古代世界最大的宝石——法尔内塞杯的故事。

撒马尔罕，意为"石头堡垒"，有着"不朽之城"的美誉，几乎可与古亚特兰蒂斯相提并论。这也是为什么这座古城出现在众多文艺作品中，例如罗伯托·韦奇奥尼的同名歌曲、《马可·波罗游记》和《一千零一夜》。撒马尔罕有着与罗马和巴比伦一样悠久的历史，它位于丝绸之路沿线，地处今天乌兹别克斯坦境内，战略性地理位置使其成为重要的商业中心。撒马尔罕曾被波斯帝国统治数个世纪，被视作帝国的掌上明珠，之后又被阿拉伯人、帖木儿帝国、乌兹别克人和俄国统治。

撒马尔罕建于公元前 7 世纪至前 5 世纪，是波斯帝国阿契美尼德王朝统治时期粟特行省的首府。在萨珊王朝的统治下，撒马尔罕成为帝国最大的城市之一，拥有近 100 万居民，是当今人口（35 万人）的三倍。

阿拉伯人在入侵撒马尔罕后（公元 712 年），强制推行伊斯兰教和阿拉伯文化，当地的文字系统也因此改变。在那之前，当地人一直信奉拜火教，而现在的撒马尔罕和整个乌兹别克斯坦多信奉伊斯兰教。

图 5　法尔内塞杯 A 面，那不勒斯国家考古博物馆

1220 年蒙古人入侵,使城市发展骤然停滞。在挥师西进的过程中,成吉思汗命令镇压和消灭一切形式的反抗,只留下那些对帝国有用的人,例如科学家、建筑师和工匠等。

在此背景下,来自土耳其的帖木儿登场了。蒙古统治者的扩张,使得治理庞大帝国变得极为困难。帖木儿趁机而入,于 1386 年击败了成吉思汗的后人脱脱迷失,并占据了对应今天伊朗、伊拉克、土耳其东部和亚洲中部的地区。

在帖木儿及其后人的统治下,撒马尔罕重获新生,成为东至印度,西至土耳其的庞大帝国的首都。来自帝国各地的能工巧匠参与了城市重建,将其打造成文化交汇的中心,并吸引了众多诗人、作家、科学家、数学家、建筑师、天文学家和工匠。撒马尔罕因此得以成为当时世界上最富裕、最美丽的城市之一。时至今日,这座城市仍保存了大量珍宝、陵墓和清真寺。

16 世纪,随着帝国首都迁至布哈拉,撒马尔罕开始逐渐走向衰落。由于主要贸易路线——丝绸之路的重要性大不如前,再加上地震以及随之而来的人口流失,在之后的两个世纪中,城市逐渐荒废。

1868 年,撒马尔罕被亚历山大·康斯坦丁诺维奇·阿布拉莫夫上校占领,成为沙皇俄国的一部分。1888 年,作为突厥斯坦的首都,撒马尔罕修建了中亚铁路,促进了城市经济的发展。

1925—1930 年，撒马尔罕是乌兹别克苏维埃社会主义共和国的首都。

今天的撒马尔罕看似是一个安静的小城，但城市的每一个街区，每一处古迹，都完整地保留着其魅力和神话般的光环。在经济方面，撒马尔罕通过对干旱地区进行人工灌溉施肥，建立了以棉花生产为基础的产业[1]。虽然乌兹别克斯坦地处内陆，海上贸易不发达，但黄金储备丰富，产量位列世界第八。撒马尔罕主要经济来源依靠水果和大米出口，养殖卡拉库尔羊带来的收益也很可观，从这些羊身上可以获得从灰到黑不同颜色的蓬松羊毛。

在民俗方面，每年 3 月 21 日举行的诺鲁孜节最为重要。该节日有 2500 多年的历史，甚至连历史学家斯特拉波也有相关记述。仪式上，人们围绕火堆集会，这似乎与拜火教教义有关，即光明与黑暗、生命与死亡、物质与精神的对抗。"诺鲁孜"意为"新的一天"，对应春分，可以理解为自然复苏并带来馈赠。

在饮食方面，撒马尔罕的特色美食包括抓饭、蒸饺和汤。抓饭在过去是只有富人才可享用的主菜，如今则成了婚宴的必备。这道乌兹别克美食的原料包括洋葱、胡萝卜、肉和米饭。在撒马尔罕，人们会在抓饭中放榅桲和大蒜，而最古老的抓饭食谱则会用到鹌鹑

---

[1] 乌兹别克斯坦是仅次于美国的世界第二大棉花生产国。

肉和葡萄干。

但这座古城与法尔内塞杯有什么联系呢？这件艺术珍品于 1239 年被腓特烈二世购入，后于 1253 年遗失。几经波折后，于 1430 年前后出现在撒马尔罕的波斯宫廷。法尔内塞杯极有可能产自托勒密时期（公元前 120—前 100 年）的亚历山大城，被设计成了篚簋[1]（phiale）的样式，是希腊化时代最大的褐红玉髓作品之一。这件珍宝现藏于那不勒斯国家考古博物馆，但在来到这个最终归宿之前，围绕它的朝圣故事让其充满了传奇色彩。

法尔内塞杯的旅程始于公元前 31 年，这一年，屋大维征服埃及，这件珍宝流入罗马帝国。罗马帝国灭亡后，法尔内塞杯成为君士坦丁堡的藏品。直到 13 世纪初，大约是在拜占庭战败之后，它才重回意大利，并于 1239 年被腓特烈二世购入。在撒马尔罕停留了不到 30 年后，法尔内塞杯于 1458 年现身那不勒斯，成为阿拉贡的阿方索的收藏品。但它的旅程并未就此结束。1465 年，法尔内塞杯成为红衣主教卢多维科·特雷维桑的私人财产，随后又被教皇保罗二世收藏。经西斯笃四世之手后，法尔内塞杯被当时正在罗马拜访教皇的洛伦佐·德·美第奇买下。因受到一众艺术家的广泛赞誉，法尔内塞杯成为洛伦佐最得意的藏品，被称为

---

[1] 一种圆盘状的容器，是古希腊和古罗马时代用于祭祀的器物。——译者注

"我们的杯子"（"schodella nostra"）。1537 年，奥地利的玛格丽特[1]和奥塔维奥·法尔内塞联姻，法尔内塞杯也因此归属法尔内塞家族。后来，法尔内塞杯和其他藏品一起，被西班牙的查理三世从母亲伊丽莎白那里继承，并最终得以成为那不勒斯考古博物馆的藏品。

法尔内塞杯的独特之处在于两面均有雕刻。其直径只有 20 厘米，由红玉髓制成，玉身有彩色纹路。玉石天然浑圆如眼，自古以来就被视作护身符和吉祥之物。除去玉石的天然之美，雕刻家的精湛技艺也提升了这件玉器的价值。在洛伦佐·德·美第奇去世时，法尔内塞杯作为其财产清单的一部分，估价 1 万弗罗林金币，相当于一座贵族宫殿 1/4 的价格。

在法尔内塞杯中，自然、历史、神话交相呼应，共同构成一个迷人的隐喻，即尼罗河水滋养下的埃及。杯子凹面描绘了托勒密家族统治埃及后热闹的庆典场面。外号"大肚子"的国王托勒密八世以斯芬克斯[2]的形象出现，穿戴着皇家饰品。把左臂搭在国王头上的是王后克娄巴特拉三世，即他的第 2 任妻子，这可以从人物形

---

[1] 亚历山德罗·德·美第奇（Alessandro de' Medici）的遗孀。

[2] 希腊神话中的人面狮身女妖。坐在忒拜城外的悬崖上要过路行人猜谜，猜错就会被她吃掉。后因俄狄浦斯猜中最难的谜语，她投崖而死。"斯芬克斯之谜"经常被用来形容不可理解或难以解答的问题。——译者注

象特征推测出来：她的头发编成了发髻，上面包裹着华美的头巾，胸间特色的结扣，让人联想到埃及女神伊西斯（Iside）。她右手拿着麦穗，代表得墨忒耳。在这里，克娄巴特拉三世象征着尼罗河的丰饶和肥沃。在国王和王后周围，还有六个人物：坐在左边的老人是尼罗河的化身，他留着大胡子，右臂撑在一棵梧桐树的树干上，左手握着丰饶角；画面右侧两个袒露胸部、半躺着的少女，寓意着利于农作物生长和丰收的雨季；画面上半部分有两个飞翔的男孩，一个是乌拉诺斯，手持飞舞的绸缎，另一个是在春天使谷物成熟的西南风的化身，他吹着海螺号角，左臂搭着披风；最后一个人物位于杯子的中央，这个年轻人右手举着犁头，左手拿着镰刀，左臂上还挂着装有种子的袋子，他是希腊神话中掌握耕种秘密的神特里普托勒摩斯，象征着从犁地、播种到收获的整个农业周期。从这个意义上看，法尔内塞杯是农业文明的化身，它向世人表明，埃及的财富得益于尼罗河的滋养和人民的辛勤劳作。

为了充分理解这只杯子传递的善治寓意，我们必须更进一步，根据人物之间的亲缘关系展开分析。克莱奥帕特拉三世为托勒密八世生育了许多后代，乌拉诺斯、西南风和两个半躺着的少女正是以他们的子女为原型，分别对应托勒密九世、托勒密十世、克莱奥帕特拉四世和克莱奥帕特拉·特丽菲娜。这也可以解释为何乌拉诺斯以年轻人的形象出现，以及为何四人拥有相同的发饰。

图 6　法尔内塞杯 B 面，那不勒斯国家考古博物馆

　　杯子的凸面是一个美杜莎头像，她的鼻子上有一个小孔，也许是用来插入支架以连接底座的。美杜莎是国家守护者的象征，与杯子内部的一派祥和形成呼应。杯子边缘盘旋着八条蛇，还有两条蛇一左一右穿过美杜莎的头发，蛇尾在美杜莎下巴处相互交错，蛇头从头顶探出，蛇身虽然隐没，但从美杜莎蓬起的头发中可以感受到其迅捷的动态。这些蛇如同发饰一般围绕在美杜莎的脑袋周围，将图像与埃及托勒密王朝联系起来。此外，一些学者还在美杜莎的脸上识别出了托勒密八世的相貌特征。

　　当法尔内塞杯还是洛伦佐·德·美第奇的藏品时，这件珍宝就让一众艺术家赞不绝口，并为一些能够纳入艺术史的绘画作品提供了灵感，尤其是飞在空中的两个人物形象。桑德罗·波提切利就是受法尔内塞杯启发的艺术家之一。在他创作的《维纳斯的诞生》中，仄费罗斯和仙女克洛里斯让人想到法尔内塞杯中的乌拉诺斯和西南风。特别是仄费罗斯的头发，让人想起法尔内塞杯背面美杜莎盘错纠缠的头发。

　　法尔内塞杯还是皮耶罗·迪·科西莫的《普罗米修斯的神话》[1] 和拉斐尔的《阿提拉狩猎图》[2] 的灵感来源。此外，达·芬奇也很有可能通过美第奇家族见到过这件珍宝。据说他从中获得

---

[1]　现藏于慕尼黑的老绘画陈列馆。
[2]　现藏于梵蒂冈博物馆的埃利奥多罗馆。

灵感，画了一幅美杜莎，这幅作品虽然现已遗失，但很有可能启发了后来的荷兰艺术家。

另一个致敬法尔内塞杯的作品是安尼巴莱·卡拉奇为红衣主教奥多亚多·法尔内塞创作的法尔内塞银盘，上面描绘的是醉酒的西勒努斯，现藏于那不勒斯卡波迪蒙特博物馆。银盘作为餐具使用，与卡拉奇在法尔内塞美术馆创作的众多壁画是同一时期的作品。这件银盘后来又为 17 世纪的弗兰西斯科·维拉梅纳和 19 世纪至 20 世纪的雕刻家卢卡·钱伯拉诺的作品提供了灵感。对法尔内塞杯的最后一次伟大致敬，来自 19 世纪末那不勒斯雕塑家文森佐·杰米托，他制作了一件带有美杜莎精美头像的镀金银盘，作品现藏于洛杉矶的盖蒂博物馆。

时至今日，法尔内塞杯仍会根据光线变幻呈现不同的色彩。有幸欣赏到它的人，仿佛能看到作品背后那些自古以来对其青睐有加的君主，以及那些它到过的美丽城市。这不仅是一件杰出的艺术作品，更是古代地中海宫廷辉煌的证明。

4　暴君倒台

提到伊朗的塔赫特贾姆希德，想必所有人都会感到陌生，但如果换成它的古代地名波斯波利斯，则仅仅读到这个名字就会让人浮想联翩，为之震撼。

大流士一世出于接待外国使者的需要，从大约公元前520年起开始建造波斯波利斯，历时70年完工。公元前4世纪，随着薛西斯一世和阿尔塔薛西斯一世先后即位，波斯波利斯获得了显著发展。公元前330年，亚历山大大帝跨越土耳其、伊拉克和伊朗，从波斯御道入侵并洗劫了波斯波利斯。不久之后，一场意外的大火让这座城市彻底覆灭了。

据史料记载，大火始于薛西斯宫殿，但这究竟是意外，还是对波斯人的报复[1]，却一直是个谜。根据历史学家狄奥多罗斯的描述，亚历山大大帝受到了托勒密将军（未来的埃及国王）的情人塔伊斯的煽动："聚会达到高潮时，人们已喝得烂醉，失去理智。这时，来自阿提卡的塔伊斯说，如果亚历山大大帝能够加入庆祝凯旋的队伍，和他们一起放火烧了宫殿，让波斯人的伟大成就，顷刻间毁于一个女人之手，那这将是他在亚洲举行的最辉煌的庆功宴。喝得头脑昏沉的年轻将士们听了这番话，不出意料，大喊着要点燃火

[1] 波斯人入侵雅典卫城时，也曾放火烧城。

把，号召所有人一起为希腊神庙的毁灭复仇。还有人哭泣着说，只有亚历山大大帝才有资格这么做。当亚历山大大帝被他们的话点燃时，所有人都跳了起来，互相传话，一个庆祝酒神狄俄尼索斯的胜利游行队伍就这样形成了。很快，人们收集了许多火把，亚历山大大帝把宴会上的乐师请到外面，给游行队伍伴奏，在喧闹声和笛声中，塔伊斯带领着队伍出发。亚历山大第一个把火把掷向宫殿，塔伊斯紧随其后，其他人也纷纷扔出火把，整个宫殿立即被滔天大火吞噬了。波斯国王薛西斯对雅典卫城的不敬行为，多年后竟然以如此引人瞩目的方式，由一个来自雅典的女人如数奉还。"

基于狄奥多罗斯的描述，再翻阅《阿尔达维拉兹之书》[1] 和先前史料，亚历山大大帝纵火，明显是一次复仇之举。

大火之后，波斯波利斯走向衰落，直到中世纪才逐渐恢复。当时，波斯波利斯开始吸引欧洲旅行者的注意，罗马作家佩德罗·德拉·瓦勒就是其中之一。在为期 12 年（公元 1614—1626 年）的东方之旅中，他描述了波斯波利斯的概貌，并记录了城中的一些铭文。20 世纪 30 年代，得益于法国考古学家、建筑师安德烈·戈达尔的考古发掘，波斯波利斯的部分遗迹得以重见光明。

---

[1]　该书是拜火教的作品，描述了地狱和天堂之旅，因和但丁的《神曲》主题相似而多次被一起提及。

图7 "弑僭者"铜像组，那不勒斯国家考古博物馆

自 20 世纪中叶以来，有两个因素一直牵动着伊朗的命运——伊斯兰教和石油。1941 年，有着"万王之王""雅利安人之光"和"勇士首领"等诸多头衔的沙阿穆罕默德·礼萨·巴列维上台执政。波斯波利斯作为昔日帝国的重要象征，受到了这位国王的重视。1971 年，在巴列维王朝统治下，波斯波利斯举办了庆祝波斯帝国建立 2500 年的庆典，重现了帝国时期的重要事件、习俗和传统。几年后，由于不满国王统治，伊朗爆发革命，巴列维被迫出逃，他所缔造的与波斯帝国紧密相连的政治宣传也随之销声匿迹。1979 年，鲁霍拉·霍梅尼东山再起，建立了伊斯兰共和国。从那时起，《古兰经》和沙里亚[1]成为宗教和法律支柱，伊斯兰文化重回主导地位。

丰富的石油资源使伊朗成为战略要地。早在 20 世纪初，英国人就开始在伊朗开采油井。第二次世界大战期间，为了防止纳粹入侵，同盟国占领伊朗，并支持礼萨·巴列维上台。伊朗国王的西化和社会不公，最终导致伊朗和被称为"大撒旦"的美国之间的文化冲突。这次冲突还带来了人质危机，使得当时 52 名美国外交官和公民被扣押了 444 天。1980 年，当萨达姆·侯赛因意图向伊朗扩张时，美国给予了支持。两伊战争后来又引发了海湾战争、2001 年针

---

[1]　阿拉伯文 Shai'a 的音译，一译"沙里阿"。原意为道路，具有指明道路之意。后以此代称伊斯兰教教法。在《古兰经》中多次出现。——译者注

对世贸中心双子塔的恐怖袭击、美国入侵阿富汗，以及 2020 年初针对伊朗将军苏莱曼尼的暗杀事件。

图 8　单膝跪地的波斯人，雕像，公元 2 世纪上半叶，

法尔内塞收藏，那不勒斯国家考古博物馆[①]

让我们重新回到古城。辉煌的波斯波利斯遗迹位于设拉子以北约 50 千米处，是阿契美尼德帝国的 5 个首都之一[1]，是"万王之王"的宫殿所在地，也是世界上保存最完好的考古遗址之一，1979年被列入联合国教科文组织世界遗产名录。雄伟的波斯波利斯矗立在平原之上，象征着一个可与西方抗衡的强大帝国。

整个波斯波利斯城矗立在一个 14 米的高台上，附近有科尔河支流普尔瓦河流过。城市依山而建，三面有围墙，一面倚靠拉赫马特山。为登上高台，人们用泥土和岩石建造了楼梯。高台整体分为四层：第一层用于接待使者，第二层留给贵族，第三层用于一般性服务，第四层用于行政事务。时至今日，我们仍然可以欣赏到矗立在古城中的高大石柱。

入城前，首先映入眼帘的是登上高台的楼梯，两条坡道先分后合，各有 111 个台阶，便于上年纪的人攀登。在建筑的一侧，有薛西斯一世用古波斯语、埃兰语和巴比伦语写给阿胡拉·玛兹达[2]的献词："阿胡拉·玛兹达，伟大的神，他创造了大地、天空、人类和福祉；他创造了薛西斯，并让他成为王，成为万王之王，万国之王，这个广阔无垠世界的王。伟大的国王薛西斯宣告：我建造了

---

[1] 其余 4 个是巴比伦、埃克巴坦那（Ecbatana）、帕萨尔加德（Pasargade）和苏萨（Susa）。
[2] 拜火教中有形世界和无形世界唯一的创世主。

万国门，我和父亲还建造了许多其他建筑，建造这些绝美建筑都是受神的指示。伟大的国王薛西斯宣告：阿胡拉·玛兹达保护我和我的王国，保护我和父亲创造的一切。"

虽然许多建筑在历经千年后都已损毁，但城市入口处的浮雕仍保存完好，其中北门和南门的浮雕象征着皇家地位，东门和西门的浮雕则象征着与邪恶斗争。爬上楼梯，就来到了万国门[1]。此时，我们位于一个巨大的方形大厅前，墙体只剩 4 根圆柱。万国门由两个拉玛苏[2]镇守，以驱灾辟邪。之后我们看到的是王座大厅，又称百柱宫，它占据了高台的西北部，中间有十横十纵共 100 根柱子，可惜如今只剩下柱基。往南走，我们会看到宝库，人们在这里发掘出一些黏土板和木头，上面写着支付给建造工人的工资和福利。

还有两座宫殿也值得参观，第一座是阿帕达纳宫，始建于公元前 515 年大流士在位期间，于薛西斯一世在位期间建成。宫殿拥有 72 根近 20 米高的柱子，用于支撑屋顶重量，现存仅 13 根。阿帕达纳宫以南是塔迦拉宫，也被称为大流士宫，始建于大流士在位期间，于薛西斯三世在位期间建成，耗时将近 200 年。塔迦拉宫内有至今保存完好的装饰壁画，描绘了皇帝的一些重要事迹，例如与凶

---

[1] 帝国的臣民来自不同的国家。
[2] 牛身人头浓须的怪物。

猛野兽搏斗的故事。

我们最后到达的是位于波斯波利斯中心的觐见厅，这里很可能是进入薛西斯宫殿的门厅，厅内浮雕描绘了大流士和年轻继任者薛西斯一世的形象。

觐见厅收集了古城的宝藏，一部分是帝国臣民进献的宝物，另一部分是历代国王掠夺的财产。其中一件宝物正是本章的主角——"弑僭者"铜像组。该铜像组于公元前405年大火后从雅典掠得。

"弑僭者"铜像组描绘的人物是哈尔摩狄奥斯和阿里斯托革顿，二人刺杀了雅典暴君喜帕恰斯，该作品代表了古希腊雕塑从古风到严肃风格的过渡。这组雕塑是古希腊第一件描绘历史人物与事件的作品，由安忒诺耳制作，后立于城市中心广场。公元前480年雅典被占领期间，铜像落入波斯人手中。在亚历山大大帝将作品完璧归赵之前，雅典人委托克里托斯和内西奥特斯制作了一件复制品。公元前477年，复制品被搬到了城市中心广场。可惜的是，两组作品都遗失了，只留下了希腊化时代的复制品。如今我们在那不勒斯国家考古博物馆看到的大理石雕塑可追溯至公元2世纪，就是当时的复制品之一。原作主角是两位英雄：哈尔摩狄奥斯当时大约15岁，赤身裸体，没有胡须，手里拿着两把剑；阿里斯托革顿当时大约35岁，留着胡子，除了两把剑，左肩上还披着一件斗篷。可惜的是，剑和阿里斯托革顿的头部都已遗失（后被替换成另一个头）。

　　哈尔摩狄奥斯和他的情人阿里斯托革顿刺杀喜帕恰斯的故事流传了千年，虽然原作遗失，但是后世的复制品却保存下来，让我们如今有幸见到这组雕像。这件作品不仅是艺术品，更是一座代表雅典民主的政治纪念碑。

　　如此来看，这组雕像于 2004 年雅典奥运会期间展出并非偶然。

图注：

　　①该雕像为一组单膝跪地的帕提亚人雕像的复制品，原作分别位于罗马和雅典奥林匹斯宙斯神庙。公元前 53 年，克拉苏在卡莱战役中战败身亡，公元前 20 年，奥古斯都大帝收回克拉苏的军旗，授意制作了这组雕像。帕提亚人是由伊朗北部的斯基泰人组成的游牧部落，公元 2 世纪中叶占领了米底亚和美索不达米亚。随时间发展，帕提亚逐渐吸收了波斯人的风俗习惯，宣称自己为帝国，并在意识形态上与阿契美尼德王朝靠拢。

女
巫

5

现在让我们来到黑海之滨的古城科尔基斯，即今天格鲁吉亚的西部地区。它位于高加索山脚下，因而被视作当时已知世界的边缘。无论是在历史还是神话中，科尔基斯都是一片非比寻常的富饶之地。

历史上，科尔基斯出现于约公元前 13 世纪，最初只是黑海沿岸的一个部落集群，后以库尔哈王国[1]为人所知。该地区在青铜时代发展尤为迅猛，金属冶炼成为其主要生产活动，而欧洲在很久之后才熟练掌握这门技术。科尔基斯部落众多，不仅内部各不相同，与周边部落也差异巨大。在希罗多德和阿波罗尼奥斯等历史学家笔下，与众不同的宗教和文化，使古老的科尔基斯独具一格。科尔基斯的一些部落实际上是最早实行割礼的地区之一。

由于邻近部落之间冲突不断，公元前 750 年前后，科尔基斯吸收了许多部落，例如迪亚奥吉人，但之后的战争又使其失去了部分部落。随着斯基泰人和辛梅里亚人入侵，王国随后被分成众多小国，并最终于公元前 6 世纪被波斯阿契美尼德王朝控制。此后，科尔基斯南部的部落并入波斯第 19 个行省，而北部的部落则"自愿"承诺，每五年向波斯宫廷进献 100 对童男童女。得益于波斯帝

---

[1] 希腊人称之为科尔基斯，亚美尼亚乌拉尔人称之为科尔哈（Kolkha）。

图 9　意欲弑子的美狄亚，壁画，那不勒斯国家考古博物馆

国与其他地区繁荣的贸易交流，科尔基斯的经济得到快速发展。在推翻阿契美尼德王朝的统治之后，科尔基斯成为独立国家，直到公元前 101 年成为罗马帝国的附属国。

科尔基斯除了是喀耳刻[1]（Circe）、反叛者普罗米修斯（Prometeo）和阿玛宗人的故乡，也是本章藏品的主题人物——美狄亚（Medea）的故乡。这幅庞贝第四风格的壁画可以追溯至公元62—79 年，1825 年前后在庞贝狄俄斯库里之家的列柱中庭内被发现。画中美狄亚即将犯下为后世所知的弑子之罪。她向右侧着身子，神色悲戚地注视着正在玩骰子的两个孩子，一旁看护孩子的教师也面露忧伤。观画者会不由自主地被美狄亚的双眼吸引，她的眼神中燃烧着愤怒和复仇的渴望，暴露了令人不寒而栗的意图。希腊剧作家欧里庇得斯（Euripide）创作了一部关于美狄亚生平的悲剧，在他看来，透过美狄亚的眼睛，人们不仅能够察觉到她的真实意图，还能推断出人物的力量和矛盾的个性。老普林尼在他的《自然史》中写道，这幅作品应是从拜占庭画家蒂莫马克斯的一幅著名壁画中获得的灵感，并在克劳狄在位时期，特别是塞内加[2]悲剧作品的影响下得以传播。

---

[1] 荷马史诗《奥德赛》中的女妖，为太阳神赫利俄斯和大河神俄刻阿诺斯的女儿柏耳塞所生，住在伊亚岛。后被奥德修斯降服。——译者注
[2] 古罗马戏剧家、哲学家，新斯多葛主义的主要代表之一。有悲剧《美狄亚》《俄狄浦斯》等 9 部传世。对文艺复兴和古典主义的悲剧有较大影响。——译者注

现在让我们回到科尔基斯，通过希腊神话，了解她最迷人，也是最神秘的一面。

相传国王埃厄忒斯把长着翅膀的公羊克律索马罗斯的金羊毛，藏在了科尔基斯的一个树林里，据说这些金羊毛可以治愈一切伤口。色萨利伊奥科斯城的国王本是埃宋的儿子伊阿宋，但珀利阿斯篡夺了王位。他派伊阿宋去寻找金羊毛，以使国家摆脱诅咒，并承诺如果伊阿宋完成任务，他就归还王位。就这样，伊阿宋带领着阿耳戈号的船员向科尔基斯进发了。

但若没有埃厄忒斯国王的女儿美狄亚的帮助，伊阿宋很有可能无法达成使命。

为了拿到金羊毛，伊阿宋必须完成两项考验：第一，给两头长有铜足的喷火牛套上牛轭；第二，在土里种下龙的牙齿。在此期间，美狄亚爱上了伊阿宋，希望助他一臂之力，并成为他的妻子。她准备了用普罗米修斯[1]的血制成的药水，可以保护伊阿宋免受火焰的伤害。而播种龙牙的困难则在于，每种下一颗牙，就会从土里冒出一个战士攻击伊阿宋。为此，美狄亚运用强大的巫术，使伊阿宋得以打败这些战士。

伊阿宋和妻子美狄亚一起回到色萨利后交出了金羊毛，但答应

---

[1]　普罗米修斯不仅象征着反叛和对权威的蔑视，也是一种隐喻，即摆脱神话和意识形态束缚的知识。

让他继承王位的珀利阿斯却没有信守承诺。为了惩罚伊奥科斯的篡位者，美狄亚施咒让珀利阿斯惨死。她迷惑珀利阿斯的女儿，让她们肢解了父亲，并丢进沸水里。在珀利阿斯的儿子，即王位继承人阿卡斯图斯的追杀下，这对恋人不得不逃往科林斯避难。

十年之后，伊阿宋和美狄亚已育有两个孩子，但伊阿宋爱上了克瑞翁的女儿格劳斯，并为了娶她抛弃了美狄亚。美狄亚妒火中烧，决意报复。在强烈的痛苦中，她杀了格劳斯和自己的两个孩子梅尔默斯和费尔斯。为了远离愤怒的丈夫，美狄亚乘坐一辆由两条飞龙驱使的车逃往雅典。在那里，她嫁给了老国王埃勾斯，并生下了墨多斯（Medo），即传说中米底人（Medi）的祖先。

希腊的欧里庇得斯和阿波罗尼奥斯，古罗马的塞内加和奥维德[1]都记录了美狄亚的故事。美狄亚不仅因巫术高超而闻名，还被视为英勇的女性和谋杀者。奥维德在《变形记》中特别强调了她的法术。在古代文化中，人们常把美狄亚和颠覆自然规律的力量联系在一起，例如改变四季顺序的能力。此外，美狄亚还精通蛇性和蛇毒，并善于与阴间和冥神打交道。

古罗马诗人笔下的美狄亚则残忍异常，塞内加认为她是一个积怒成魔、谋杀自己孩子的怪物。欧里庇得斯则强调了美狄亚的人性

---

[1]　古罗马诗人。代表作《变形记》叙述希腊罗马神话故事，是古代神话的汇编。后世欧洲文学家、艺术家常从中寻找素材。——译者注

和促使她弑子的环境因素：先是惨遭抛弃，之后背井离乡，最后又成为一个野心家和不忠伴侣的受害者。在这个意义上，美狄亚的罪恶被减轻了。

美狄亚的出身经常成为研究和讨论的主题。人们普遍认为，美狄亚从父亲那里继承了太阳神的血统[1]，但对于美狄亚的母亲却有不同说法。有人认为美狄亚的生母是女巫喀耳刻，但这种说法并不可靠。因为喀耳刻在为逃离科尔基斯的两个恋人洗涤罪恶时，被描述成与美狄亚完全不同的形象。喀耳刻善用爱情药水，其魔法主要用于引诱，而美狄亚则极具破坏性，毫无顾忌地使用魔法达成具体目标。最可靠的一种说法是，美狄亚的母亲是海神俄刻阿诺斯和忒堤斯的女儿伊迪亚。因与月亮相关，伊迪亚经常与赫卡忒联系在一起，后者是迷魂术和魔法之母，与阿波罗代表的世界对立。因此，美狄亚是两组矛盾的结合体，即太阳与月亮，白天与黑夜。这种矛盾性也体现在文学作品中。在欧里庇得斯笔下，当美狄亚召唤赫卡忒时，她对死亡的渴望被描述成穿透她的一道"光"。而阿波罗尼奥斯在《阿耳戈英雄纪》中，同样使用月亮比喻在夜晚徘徊寻找伊阿宋的美狄亚。美狄亚的斗篷代表了她的阴暗面，预言了她日后的命运，同时确定了她无情杀人犯的身份。尽管她的弑子行为与

---

[1]　美狄亚是太阳神赫利俄斯（Helios）的孙女。

金羊毛事件有关,或者像品达所言,对伊阿宋无节制的爱,让她甘愿付出一切代价。

然而,血统并不能完全解释美狄亚的行为。阿波罗尼奥斯认为,这个女人的可怕行径只源于她非理性的愤怒和嗜血的天性。

图 10　朝圣者与女巫会面,壁画,那不勒斯国家考古博物馆,

庞贝狄俄斯库里之家,公元 1 世纪

杀戮成为美狄亚暴力身份的表达，也让她与理性和家庭一刀两断。在试图帮助伊阿宋并与他一起逃跑的过程中，美狄亚不仅背弃了试图阻止她的父亲，还让伊阿宋杀害了她的弟弟阿布绪尔托斯。虽然弑弟的不是美狄亚本人，但她的意图是毋庸置疑的。阿波罗尼奥斯试图解释美狄亚不理性的主要原因，欧里庇得斯则从人物心理出发，理解促使美狄亚做出残忍行径背后的痛苦。实际上，绝望和愤怒控制了美狄亚，让她变得盲目，但也正是绝望，让美狄亚重新做回野蛮的提坦公主。对欧里庇得斯而言，弑子不仅标志着美狄亚与希腊文化的割裂，也标志着她与自身女巫天性的和解。

然而，弑子的故事不只存在于欧里庇得斯的笔下。在科林斯有这样一个庆典，人们把七对童男童女带到赫拉神庙，让他们在那里独自度过一整年，就当他们是死了，或被流放了。这很容易就让人联想到弥诺陶洛斯的神话，这个人身牛头的怪物被关在克里特岛的迷宫里，人们要向他供奉七对童男童女。这个神话也与太阳神有关，弥诺陶洛斯是帕西淮的儿子，而帕西淮又是太阳神赫利俄斯的女儿。

巫术似乎并非只存在于希腊地区，而是渗透到整个古地中海地区的民间迷信文化之中，这一点在许多文学作品中均有体现[1]。

---

[１]　例如阿普列尤斯（Apuleio）的著作《金驴记》。

此外，人们还在墓地或住宅中发现了大量符咒。例如，有一种被卷起来埋在墓地里的诅咒铅板，上面刻着诅咒和目标人物的姓名，可以说是古代的死亡笔记。

基督教的出现并没有消灭巫术，反而强化了其某些方面。一方面，一些圣人成了业余医生；另一方面，特别是在农村，仍有人在传承这些民间智慧和古代仪式。这些人经常以从事巫术的名义被逮捕甚至遭到迫害，例如中世纪猎杀女巫的运动。

我们的那不勒斯国家考古博物馆位于坎帕尼亚，来到这里就不得不提家喻户晓的贝内文托[1]（Benevento）女巫。这些女巫可以分成不同种类，但最著名的无疑是亚纳拉女巫。所有生于圣诞夜且未经正式洗礼的女人，都可以归到这一类。这些女巫在夜间飞行，可以凭借一种自制的药膏隐形。亚纳拉女巫除了会配制药水和草药，还会偷偷溜进马厩骑马，有时甚至会把马累死。据说，想要抓住她们，就必须揪住她们的头发，这是她们的弱点。

从美狄亚到后来的亚纳拉，一个女人只要懂得医学知识，并会调配草药治病，就足以获得女巫的称号。在意大利，这种类型的巫术后来受到了基督教的影响，以至于这一时期的药方和咒语中也会出现圣人和圣母的名字。

---

[1] 古时被称作马莱文图姆（Maleventum）。

在意大利，这类人群在不同地区有不同的名字，例如"江湖医生"（praticone）、"法师"（magare）或"术士"（fattucchiere），但归根到底，他们做的事情都是一样的。需要注意的是，"药草师"（herbane）的词义有所不同，指的是那些通晓植物特性的专家。他们主要充当业余医生，通过调配草药，搭配净化灵魂的仪式，替人祛病消灾。

那不勒斯是民间信仰的"王国"，这里有俏皮的那不勒斯小和尚"il Monaciello"，神秘的家神"la Bella' Mbriana"，还有号角形的护身符"il corno"。我们可以肯定，正是那不勒斯为《唐老鸭俱乐部》中的魔法女巫阿米莉亚提供了原型。阿米莉亚由杰出的迪士尼漫画家卡尔·巴克斯创作，是一只留着长睫毛，从头到脚一身黑的鸭子。阿米莉亚出生于维苏威，为了突出她的特征，漫画家专门从地中海地区深肤色的美女身上进行取材，包括索菲娅·罗兰、吉娜·劳洛勃丽吉达和魔蒂夏·亚当斯。在《唐老鸭俱乐部》中，维苏威被描绘成一个遥远的火山岛屿，以阿米莉亚脸庞的形状出现。此外，那不勒斯口音和乌鸦仆人詹纳里诺也都凸显了阿米莉亚的特点。

无论是治愈还是诅咒，地中海女人的血液中都流淌着魔法，这种血统跨越千年，从神话一直延续到动画。

6

维吉纳之星

现在让我们跃过黑海，来到古希腊马其顿王国的首都佩拉（Pella）。"佩拉"一词源自爱奥尼亚方言"阿佩拉"（apella），意为"做决定的仪式性场所"，即公民大会。阿奇拉一世于公元前 5 世纪末建立佩拉城，希望把它打造成马其顿王国的首都。正是在佩拉，诞生了腓力二世和他的继承人——英勇无畏、战无不胜的亚历山大大帝。

自称阿耳戈斯（Argo）后人的阿奇拉一世不仅是佩拉城的建造者和统治者，也是一位伟大的文艺赞助人。为了加强城市的文化生活，阿奇拉一世在新的宫殿中[1]聚集了众多诗人，例如阿伽同颂和欧里庇得斯，后者讲述了美狄亚的故事，得以让她的悲剧传到西方，进入罗马文学家的视野。此外，还有音乐家提摩太和当时最著名的画家宙克西斯。

然而，佩拉的辉煌和名声并未持续太久。古罗马人盯上了这座城，发动了第三次马其顿战争。公元前 168 年，马其顿国王珀尔修斯的军队在彼得那被卢基乌斯·埃米利乌斯·保卢斯率领的罗马军队打败。此后，腓力二世和亚历山大大帝征服积累的财富惨遭掠夺，

---

[1] 几十年后，同样是在这座宫廷中，年轻的亚历山大大帝开始学习亚里士多德的思想。

图 11　博斯科雷亚莱古希腊宫廷巨型壁画，那不勒斯国家考古博物馆

马其顿王国不可逆转地走向衰落。最终，佩拉被遗弃，城中房屋破败，只有强盗和商人聚集于此。此外，佩拉还遭到地震的破坏。公元 180 年，作家琉善形容这座城"无关紧要，荒无人烟"，仿佛是一座幽灵之城。

然而，20 世纪下半叶，佩拉的命运彻底改变了。始于 1953 年的考古发掘，使古代马其顿的权贵聚集区重见光明，也让今天的我们得以重见佩拉的城市概貌。佩拉城中心占地面积 400 多公顷，整体分为两部分：一部分是今天仍在挖掘的皇宫，占地至少 7 公顷；

另一部分是地势较低的城市广场，也就是佩拉真正的心脏。最近的考古挖掘还发现了一座古希腊剧院，位于今天的新佩拉镇。

尽管持续的衰落让佩拉乃至整个王国都跌下神坛，但翻开任何一本历史书，我们仍能感受到古马其顿的宏伟壮丽。马其顿王国的疆域覆盖今天的希腊、北马其顿、保加利亚、阿尔巴尼亚、塞尔维亚和科索沃地区，是一片山地众多、森林茂密的广袤大地。

最近研究发现，博斯科雷亚莱镇发现的一幅巨型壁画，描绘的正是古马其顿王国。这幅壁画可追溯至公元前60年，绘于小镇希尼斯特别墅主厅。该地距离庞贝不远，同样在公元79年火山爆发后被掩埋。画中有三个接近真人高度的人物，背景为红色，明确表现出对亚历山大大帝的赞颂，让人联想到了他的权力、征战和帝国。画面左侧有一个留着胡子的老人，他裸露着一边的肩膀，一只手带着戒指，另一只手拄着拐杖，这有可能是亚历山大大帝的老师亚里士多德。画面右侧，一根柱子把亚里士多德和两名女性隔开。从她们特有的头饰可以分辨出，两人分别代表马其顿和波斯。代表马其顿的女性手持长矛，脚下放着装饰有星星的盾牌。这两个形象也象征着亚历山大大帝的权力——他通过军事行动征服了波斯。除了歌颂帝国的统治者，这幅巨作也是整个希腊化时代的隐喻：古希腊不仅征服了波斯，还被古罗马视为政治和意识形态高度统一的典范。也正因此，许多帝国都将马其顿王国视为典范，尤其是罗马帝国。

19世纪末发现的庞贝装饰壁画属于第二风格（可追溯至共和时代后期），遗憾的是，这些壁画的命运各不相同，目前分散在世界各地，其中纽约大都会艺术博物馆的藏品最为丰富。本章描述的壁画现存于那不勒斯国家考古博物馆，从中我们仍能感到某种魅力和共鸣。

20世纪七八十年代，在距佩拉约50千米的维吉纳，考古学家发掘出一片墓地，为马其顿王国的实力提供了物证。其中最重要的发现，无疑是亚历山大大帝的父亲腓力二世的墓葬，由希腊考古学家马诺利斯·安德洛尼卡于1977年发现。此外，这位考古学家还在墓葬中发现了一些珍贵文物。如果说墓室华丽的外观还无法证明墓葬的归属，那对墓葬内头骨进行的人类学检测，则确凿地证明其主人的确是腓力二世。据史料记载，公元前354年，腓力二世在围攻雅典重地迈索尼期间失去了右眼，与尸体右眼上的伤痕正好吻合。

得益于这次考古发现，关于马其顿王国和腓力二世的一些说法彻底被推翻了。作为20世纪最伟大的考古发现之一，这座墓葬宏伟壮观，且内部有诸多珍贵陪葬品，这与狄摩西尼等古代作家对佩拉及马其顿国王的描述并不相符。在这些文献中，腓力二世被描述为野蛮人的首领。墓葬的背面立有两根柱子，陵墓正面的大理石门两侧还立有两根陶立克式的半柱，柱子和半柱原本是红色和蓝色的，但在发现墓葬时，几乎已看不出任何色彩的痕迹了。

墓葬内部保存完好，陪葬品被考古人员清空、分类，最后呈现在人们面前。出土的文物中有极为精美的艺术品，还有华丽的象牙和黄金制品。在腓力二世的床上，甚至还发现了一些他本人的画像。墓中壁画极具特色，画面长达5米，描绘了冥王哈得斯绑架珀尔塞福涅，以及亚历山大大帝与父亲狩猎的场景。在后一情景中，壁画呈现了狩猎中的不同时刻，例如狮子即将被杀死，受伤的鹿借着岩石的掩护奔逃，以及野猪被猎杀，等等。

墓葬由一个门厅和一个主厅组成。在门厅中，考古学家发现了一个大理石石棺，里面有女性的骨头、装在金色箭筒中的箭头和矛头、银制的戒指和玫瑰花饰品。进入主厅后，人们还发现了一些不寻常的物品，包括死者的剑、匕首、头饰、用黄金装饰的护胸铁甲、护胫和各种陶瓷制品。主厅尽头是大理石石棺，里面安葬着腓力二世的遗体。石棺内有一个镀金木箱，箱内腓力二世的遗骨被包裹在鲜红色的布中，上面放着一个装饰有橡树叶和橡子的金色冠冕。在镀金木箱的表面，有一颗散发出16道光芒的金色星星，与那幅寓意马其顿的壁画中出现的星星十分相似。该标志后被重新命名为"维吉纳太阳""维吉纳之星"或"阿吉德之星"。镀金木箱现藏于维吉纳考古博物馆。

千年之后，希腊和北马其顿共和国都将这颗星作为本国的象征，还因此产生了激烈的争端，直到2018年的普雷斯帕协议才得以解决。

在镀金木箱被发现后，维吉纳之星作为连接古马其顿文化和现今希腊之间的标志，被希腊广泛使用，此外，这颗星也被北马其顿共和国作为国家的象征，甚至出现在了国旗上。对此，希腊很快做出反应："这个标志本属于希腊，现在却被偷走了"。希腊不仅在许多场合禁用北马其顿共和国国旗，还广泛使用这个星标，例如，100德拉克马硬币和雅典警察制服上都出现了维吉纳之星。1995年7月，希腊甚至向世界知识产权组织申请该星标的专属权利。

1995年，通过联合国仲裁，争端得到了部分解决。两国签署建立外交和贸易关系的协议，作为协议的一部分，北马其顿承诺将该标志从国旗上删去，现在北马其顿国旗的标志是一个有8道光芒的旭日。

无论是不断变化的政治边界所引起的冲突，还是各民族之间的艰难融合，对马其顿而言都不陌生。"马其顿"（macedonia）一词在意大利语中也有"什锦水果或蔬菜"之意，这无疑让人想到这片土地上自古以来的人口高度混杂的情况。

图12　腓力二世墓星标镀金木箱，维吉纳，

© Mondadori Portfolio/www. bridgema-nart. com

　　在成为罗马帝国的行省后，马其顿不断遭到破坏。除了当地的叛
乱，还有北方各民族的入侵，包括哥特人、西哥特人、匈奴人、东哥
特人、斯拉夫人和保加利亚人。保加利亚人的入侵，给马其顿留下了
不可磨灭的印记，以至这个国家在许多世纪里被称为保加利亚。当马
其顿想要摆脱庞大的奥斯曼帝国和东正教会的统治时，正是求助了保
加利亚人。1876年，马其顿发生了第一波起义，被土耳其人残酷镇
压，引起了整个欧洲的关注。1878年，柏林会议召开，西方国家联
合在一起，保加利亚的领土被迫缩小，而马其顿几乎被完全归还给了

土耳其。土耳其承诺开展行政改革，但情况并非如此。

一方面，保加利亚不想被动接受割让领土；另一方面，马其顿人也不甘心继续被奥斯曼帝国控制。出于上述原因，再加上其他政治和领土冲突，1912 年，巴尔干战争爆发，直到一年后《布加勒斯特和约》签署，战事才得到平息。

两年后，第一次世界大战爆发，保加利亚站在同盟国一方，参加了对俄罗斯和塞尔维亚的战争，同时向马其顿扩张。在此过程中，保加利亚占领了马其顿和塞尔维亚。然而，战争最终以保加利亚的失败而告终，其占领的领土也被割让给了希腊。希腊还获得了色雷斯，切断了保加利亚的出海口，使其领土包围了整个爱琴海。在战后重新划定边界时，马其顿过于支离破碎的领土带来了不少问题，比如对少数民族的保护问题，这最终交由国际联盟来专门负责。

马其顿独立运动的内部矛盾扩大，保加利亚也没有放弃将马其顿据为己有的想法。与此同时，南斯拉夫的马其顿人和希腊人始终对各自的政府感到不满，以至于在第二次世界大战爆发时，马其顿的将士并没有为他们不信任的政府卖命，雅典和贝尔格莱德也因此陷入困境。

在希腊与南斯拉夫的战争结束时，保加利亚几乎吞并了整个马其顿，只有一小部分南斯拉夫属马其顿被划给了阿尔巴尼亚。

直到 1946 年，马其顿才完全统一。统一后的国家百废待兴，一大批村庄建立起来，主要发展棉花、烟草和西瓜种植，以及规模可观的畜牧业。一直到 1989 年，独立的种子才开始生根发芽。

几个月后，议会宣布马其顿为"民族国家"。在随后的选举中，议会中的大多数政党都赞成独立。1991 年 11 月 20 日，马其顿正式宣布独立。然而，少数民族阿尔巴尼亚族和土耳其族不仅要求领土自治，还要求政治自治。此外，伊斯兰少数民族带来的宗教问题也亟待解决。这些矛盾的积累，使新生的共和国直到 1993 年才得到联合国承认。

虽然马其顿与保加利亚的关系逐渐走向正轨，但与希腊的关系却出现恶化。1994 年 2 月，希腊关闭了位于斯科普里的领事馆，迫使马其顿遭受严格的贸易禁令，包括禁止使用塞萨洛尼基港。

在马其顿总统和议会选举过后，基罗·格利戈罗夫上台，解决了马其顿与希腊之间的大部分矛盾。然而，阿尔巴尼亚人的问题仍然存在于马其顿内部。直到 1999 年，与西方关系密切且受到阿尔巴尼亚人支持的鲍里斯·特拉伊科夫斯基当选总统，问题才得到解决。

"马其顿"一词或许已不足以描述这片土地上令人眼花缭乱的历史事件和民族融合，"万花筒"可能是更为贴切的形容。时至今日，围绕维吉纳之星的争论已经平息，但马其顿的历史却使这个问题变得更加复杂，以至于如今真的很难确定，这枚星标究竟代表哪个国家和哪种身份。

7

恐慌来袭

　　我们访古之旅的下一站来到了阿卡迪亚。根据保萨尼亚斯（公元2世纪）的说法，这是希腊最古老，也是最受崇敬的一片土地。阿卡迪亚是古希腊文明的摇篮，是最接近神的地方。在这片土地上，自然与神性交融在一起。本章我们将通过潘神（Pan）了解阿卡迪亚的"神性"。

阿卡迪亚位于今天的伯罗奔尼撒半岛中部，地名源自神话中的国王阿卡斯，他是宙斯和仙女卡利斯托的儿子。卡利斯托被宙斯的妻子赫拉变成了一只熊，有一天，打猎的阿卡斯遇到了化身为熊的母亲，若非及时认出，险些酿成弑母的悲剧。为了保护母子的安全，宙斯把两只熊带到了天上，在众星之中，为他们找到了两个位置，这就是我们今天看到的大熊星座和小熊星座。

　　在这个故事之前，还有其他神话将阿卡迪亚与原始宗教仪式盛行的史前时代关联起来，例如国王莱卡翁的故事。莱卡翁是皮拉斯古斯和梅利贝娅[1]的儿子，他有50个儿子和两个女儿。莱卡翁本是一个聪明善良的人，但他向宙斯献祭了一个孩子，于是遭到宙斯的惩罚，被变成了一只狼。据说，莱卡翁在阿卡迪亚建立了吕科苏拉，而关于他献祭孩子的故事，则与在阿卡迪亚天山举行的天神崇拜和原始庆典有关，这些庆典也因潘神崇拜而闻名。

―――――――――

[1]　一说是仙女西勒内（Cillene）。

图 13　潘神和达菲尼斯，雕像组，那不勒斯国家考古博物馆

　　在文学作品中，阿卡迪亚一直被描绘成伊甸园般的地方，一个所有人和谐生活的世外桃源。千年以来，从奥古斯都皇帝时代到文艺复兴时期，从维吉尔[1]到桑纳扎罗，无数作家曾描写过阿卡迪亚。17世纪末，罗马成立了阿卡迪亚学院，一个真正意义上支持古典主义，反对巴洛克风格的文学团体。

　　潘神是阿卡迪亚之神，这一点毫无争议。大理石雕像《潘神和达菲尼斯》呈现了潘神的形象。该雕像出自罗马人之手，是一件希腊艺术品的复制品，可追溯至公元前2世纪中期，属于法尔内塞系列收藏之一，现藏于那不勒斯国家考古博物馆。雕像展现了潘神教导年轻的学生达菲尼斯演奏排箫的场景：两人一起坐在石头上，潘神微微弓着身子，侧向达菲尼斯，一只手搭在他的手上，另一只手搭在他的肩膀，好像要哄骗或说服他；达菲尼斯正面坐着，双手拿着乐器，试图躲避潘神的目光，看起来很不自在。此外，少年达菲尼斯细嫩柔软的身体与潘神粗糙成熟的身体也形成了鲜明对比。从潘神的目光中，人们能看出他的意图并非完全纯洁。他的眼神和动作十分亲昵，但勃起的生殖器却暴露了隐藏的意图。该雕塑作品在很长时间内并未受到关注，18世纪80

---

[1]　古罗马的杰出诗人。其代表作品有《牧歌》《农事诗》和史诗《埃涅阿斯纪》。史诗根据古罗马的神话传说，叙述了罗马帝国建立的历史、歌颂了罗马祖先的丰功伟绩，并歌颂了屋大维的统治。——译者注

年代末，卡洛·阿尔巴奇尼将雕塑的碎片重组，该作品这才得以真正进入人们的视野。

那么潘神究竟是谁呢？潘神被视作乡野之神，是森林和牧场的守护神，不属于奥林匹斯众神。有人说他是宙斯和仙女卡利斯托的儿子，也有人说他是赫尔墨斯和仙女德律俄珀的儿子。无论如何，关于潘神命运的描述却较为一致，即刚降生的潘神因可怖的外表而被母亲抛弃了。从形象上来看，潘神更像山羊，而非出身高贵的神。他的身体完全被蓬松的毛发覆盖，脸上留着浓密的胡须，额头上有两个角，没有双脚，只有一对蹄子。有人认为，达菲尼斯是潘神同父异母的兄弟，因为他也是赫尔墨斯的儿子。他出生在西西里岛伊尔米尼奥河旁边的一个月桂树林里，喜爱诗歌和音乐，因此被许多人视作田园诗歌之父。现在，让我们把目光重新聚焦到本章的主角——潘神。

在古希腊，潘神与自然紧密相关，被视作羊群的守护者。不同时期关于潘神的解读有很多，一开始，人们认为潘神是最古老的神，因为他和宙斯一起喝过阿玛尔忒亚的奶，之后，又说潘神教过阿波罗占卜术。此外，潘神还经常跟法翁联系在一起，后者是掌管所有自然生物的神，也与森林和深渊相关。

潘神具有强烈的性暗示，其代表性特征是硕大的生殖器官，而这也是繁荣的象征。潘神面目狰狞，粗放狂野，充满力量。他总是穿着小鹿皮制成的衣物在林间穿梭，载歌载舞。他动作敏健，跑得飞快，跳跃能力更是无人能及。

潘神也与月神和大地女神的力量有关。在许多神话故事中，潘神被描绘成一个诱惑仙女未遂的形象。虽然很多时候仙女们并不讨厌潘神的关注，但他仍是噩梦般的存在，以至于她们只能通过变形来摆脱他的追求。潘神爱女人也爱男人，如果追求不成功，他就会通过自慰来疏解欲望。

另一个关于潘神的传说与摩羯座的起源有关。该亚和塔耳塔洛斯之子巨人堤福俄斯想发动"政变"，征服奥林匹斯山。诸神纷纷逃到埃及，变成动物躲了起来。潘神把半身变成鱼，然后跳进了河里。当宙斯被叛军困住时，潘神设法解救，让他最终战胜了堤福俄斯。宙斯杀死了这个怪物，并将他埋在埃特纳火山下。这场大战使用了大量闪电，导致埃特纳火山至今仍在燃烧。为了感谢潘神，宙斯创造了摩羯座，让他在天空中也有一席之地。

在中世纪，潘神被基督教妖魔化，以至于在接下来的几个世纪里，西方的魔鬼逐渐具备了潘神的特征——羊角、羊蹄和山羊胡。

自浪漫主义流行以来，潘神的形象很大程度上被重塑了，特别是在英国。在一个工业化不断发展、自然环境逐渐恶化的社会中，潘神代表了人与本源的联系和对自然的回归。加百列·邓南遮在《阿尔奇奥内》中将自己比作潘神，认为他是人与自然的完美结合。

　　描绘潘神的文艺作品当然远不止这些。例如，詹姆斯·希尔曼在《论潘神》中，将潘神（这里又提到了撒旦）与耶稣进行了对比。又比如，在 1997 年上映的迪士尼经典动画《大力士海格力斯》中，主角之一就是海格力斯的教练菲洛克忒忒斯。他与希腊神话中拥有海格力斯弓箭的神箭手同名，但却有着潘神的外貌。动画中菲洛克忒忒斯外表可怖，乐于助人，对仙女打勤献趣，穷追不舍，仙女则不得不通过变形来逃避他。这些特征都将他与潘神的形象联系在了一起。

　　潘神与恐慌症之间的联系也值得关注。近几十年来，恐慌症被心理学家和精神病学家广泛研究，而"恐慌"（panico）一词正是由"潘"（Pan）演化而来的。潘神在被打扰时会暴怒，发出可怕的叫声。帕萨尼亚斯说，高卢人在掠夺希腊时，看见了德尔斐神庙的潘神像，纷纷落荒而逃。其他版本的故事中，潘神被自己吓到逃跑了。

　　为引诱新的猎物，潘神每次都伪装成不同的样子，因此逃离他的魔掌也变得越来越困难。由于不知道潘神何时会来纠缠，受害者始终有一种焦虑感，这是真正意义上的恐慌症，让人毫无缘由地感到惊恐。

图14　潘神与山羊，雕像，埃尔科拉诺莎草纸别墅，

公元前1世纪至公元1世纪，那不勒斯国家考古博物馆

　　为避免陷入恐慌，人们会远离某些地方，因为担心那是潘神的藏匿之处；或远离某些人，因为担心他们由潘神伪装而成。

　　根据另一种解释，恐慌症代表身体的反叛，表明身体不想再控制情绪。如果说潘神是本能的化身，那恐慌症也许就是对隐藏于每个人体内最原始本能的呼唤。

　　让我们来看最后一个主题——潘神与音乐。潘神的乐器是排箫绪林克斯（siringa），这是一种由七根长短不一的芦苇排在一起组成的管乐器，用于迷惑和引诱长途跋涉的旅者。

传说，绪林克斯是生活在阿卡迪亚的一位美丽的水中仙女。有一天，她遇到了潘神，在潘神的追求下不得不逃跑。绪林克斯躲到了一片芦苇丛中，化身为一根芦苇。潘神四处寻觅，但徒劳无获，直到风吹过芦苇丛，发出某种曲调，他才意识到绪林克斯就藏匿其中。然而，潘神并不知道绪林克斯究竟是哪根芦苇，只好折了七根，裁剪成不同长度，做成了乐器。因此，在大多数文学作品中，排箫总是与潘神一同出现。

还有一个故事也能证明管乐是林神的专属。这种崇拜酒神专用的乐器叫作阿夫洛斯管，属于林神马西亚斯。传说，雅典娜发明出一种双管乐器，即阿夫洛斯管，并一直带在身边。有一天，她决定吹奏阿夫洛斯管，为奥林匹斯诸神助兴。雅典娜的乐曲悠扬悦耳，但不知为何，赫拉和阿佛洛狄忒却开始羞辱她。伤心的雅典娜跑开了，她在一片湖边停下，重新吹起阿夫洛斯管。当她借着湖面看到自己的脸庞时，才明白众神为何如此生气。原来，在吹奏阿夫洛斯管时，她的两颊鼓胀，满脸通红。雅典娜气疯了，把阿夫洛斯管扔了出去，并诅咒捡到它的人会遭遇不幸。林神马西亚斯经过这里，发现了阿夫洛斯管，把它抱起来开始吹奏。很快，他就精通了这门技艺，并向演奏西塞拉琴的音乐之神阿波罗发起挑战。但他不可能打败一个神，况且阿波罗因害怕失败偷偷作弊。总之，他失败了，并且因挑战神的权威而受到了严厉的惩罚。他被绑在树上，活活剥皮。前来悼念的仙女、法翁和其他林神流下眼泪，汇成了一条名为马西亚斯的河流。

阿波罗和马西亚斯之间的竞争，将阿波罗和狄俄尼索斯代表的两个音乐世界对立起来。阿波罗的音乐世界由西塞拉琴和弦乐器组成，反映了毕达哥拉斯式的和谐秩序；而狄俄尼索斯的世界则由管乐器和打击乐器组成，正如欧里庇得斯在《酒神的伴侣》中所描写的那样，是狂野的、原始的和非理性的，加上酒精的作用，充满了酒神式的迷醉。

在非理性的狄俄尼索斯的世界中，阿夫洛斯管是最具代表性的乐器。这种弯曲的管乐器音色嘶哑低沉，在酒神崇拜仪式中被广泛使用，为其伴奏的主要是打击乐器，如手鼓，它被欧里庇得斯描述为"覆有兽皮的圆形乐器"。这种用右手拍打的乐器由库瑞忒斯发明，用来为酒神的追随者狂女迈那得斯的叫喊声助势，有时还伴有金属制成的铃铛或小拨浪鼓的声音。手鼓紧密的节奏会激发紧迫感，人们愈发入迷，舞步也跳得越来越快。

有趣的是，酒神崇拜仪式与库柏勒崇拜仪式十分相似。在库柏勒的狂欢仪式中，人们同样用管乐器和打击乐器来渲染氛围，感染情绪。潘神的同伴马西亚斯代表的是反叛和受诅咒的原始本能，因而必须用理性压制，以重建秩序。

无论是过去还是将来，受诅咒的音乐一直存在。让我们来看一位受诅咒的伟大音乐家——吉姆·莫里森。

莫里森于 1943 年 12 月 8 日出生，1971 年在巴黎去世。他的一生十分短暂，且死因至今不明。莫里森是叛逆和诗意的象征，他从一位同样被诅咒诗人威廉·布莱克那里汲取灵感，将自己的乐队命名为"门户乐团"（The Doors）。很快，门户乐团就成为"垮掉的一代"的代言人，他们的音乐会充满反叛色彩，向世界发出"我不同意"的呼声。

莫里森去世时年仅 27 岁，几乎找不到比他更年轻就去世的歌手了，连贾尼斯·乔普林和吉米·亨德里克斯去世时都要比他年长一些。被发现身亡时，莫里森倒在同居女友家的浴缸里。关于他的死亡，人们有许多假设。有人认为，美国中央情报局应对此悲剧负责，是他们杀了这个不听话的人，以阻止他继续进行反越战宣传。另一种更加玄乎其玄的观点则认为，莫里森厌倦了摇滚明星的生活，为了彻底逃离，上演了一出"假死"戏码。

"被诅咒"的概念历史悠久，它与非理性、反叛与释放天性相连，借助"垮掉的一代"的音乐延续至今。

也许，不论现在还是将来，潘神会一直在我们身边。谁又知道，他会以多少种形式出现，又会多少次突破我们给他限定的边界呢？

8

女装英雄

斯基罗斯岛位于斯波拉泽斯群岛最南端,以丰富多样的自然景观闻名,茂密的松树林和远离喧嚣的海滩,让这里成为自然爱好者和徒步旅行者理想的目的地。斯基罗斯岛的旅游业不像其他希腊岛屿那样发达,但这反而成了一个优势——洁白的小屋、木质的大门、五彩的花朵,为我们呈现出最纯粹的希腊景观。

时至今日,斯基罗斯岛人仍十分重视传统。自古以来,独具特色的长裤和凉鞋就是岛上居民的传统服装,骑着小马游岛也是不容错过的独特民俗。

当然,也不乏关于斯基罗斯岛的神话传说。其中一个故事讲到,国王吕科墨德斯害怕英雄忒修斯会威胁到王位,于是在斯基罗斯岛上把他杀掉,后来是客蒙[1]下令,将他的遗体带回了雅典。

关于斯基罗斯岛的另一个传说,将帮我们引出本章主题。在这个故事中,阿喀琉斯被预言参与特洛伊战争并陷入危险。为避免悲剧发生,他的母亲忒提斯将他藏在了斯基罗斯岛上。斯塔提乌斯在《阿喀琉斯纪》中提到,为打破预言,忒提斯将她的儿子乔装成女孩,送到斯基罗斯国王的宫廷,让他和国王的女儿们生活在一起。

---

[1] 古雅典著名的政治家和军事家。——译者注

图 15　斯基罗斯岛的阿喀琉斯与奥德修斯，壁画，那不勒斯国家考古博物馆

就这样，阿喀琉斯开始了在吕科墨德斯宫廷的生活。他隐去自己的真实姓名，因火红的头发而被称为"红发的皮拉"。然而，新的威胁伴随另一个预言而至：如果年轻的阿喀琉斯不参战，那亚该亚人[1]就无法赢得特洛伊战争。奥德修斯受命，与涅斯托尔一起前往斯基罗斯岛寻找阿喀琉斯。他们乔装成商人来到宫廷，却发现根本找不到阿喀琉斯，奥德修斯只好用计把他引出来。狡猾的奥德修斯向吕科墨德斯的女儿们进献了大量珠宝、披风、布料和刺绣腰带，并在其中藏了一面盾牌和一把长矛。当女孩们扑向礼物时，只有阿喀琉斯选择了武器，于是奥德斯修很轻易就发现了他。这正是本章主角——庞贝狄俄斯库里之家壁画上描绘的场景。从公元前5世纪的波利格诺托斯到18世纪的庞培欧·巴托尼，许多艺术家都从阿喀琉斯的传说中汲取灵感，并进行了相关创作。虽然这些作品基本保留了原始场景，但画家、艺术家、雕塑家、评论家和学者，都利用这个故事展现了不同的主题：从男扮女装的滑稽微妙，到对狂欢元素的解读，再到同性之爱、乱伦和强奸。

包括希罗多德和柏拉图在内的许多古希腊作家和诗人都研究过同性之爱（我们将在专门介绍女诗人萨福的章节中谈到女性之爱），尤其是年长男性与年轻男性之间的同性之爱。如今成年男性与未成

---

[1]　亦称"达那俄斯人"（Danaos）。古希腊人的一支。早期的古希腊人曾自称亚该亚人，荷马史诗中亦曾用作对希腊人的通称。——译者注

年男性之间的恋爱关系属于恋童癖范畴，但在古希腊，少年爱[1]
（pederastia）广泛存在，且被社会所接受。虽然同龄男性之爱同样
存在，但却被视作违背社会风俗。少年爱是指成年男性（erastes）
与12—17 岁的少年（eromenos）之间的恋爱关系（若少年未满 12
岁，则另当别论，尽管并没有明确的法律禁止，而少年一旦长出胡
须，就开始被视为成年男性）。在这样的关系中，成年男性负责保护、
照顾少年，并为其树立道德典范，而少年的价值则在于美丽和年轻。
在希腊，恋爱关系中的不同角色反映了一个人的社会角色——支配或
被支配。主动的成年男性与男性气质相吻合，属于较高的社会等级，
而被动的少年则有着女性气质，社会地位也相应较低。

　　根据传统，成年男性有义务向公众介绍他中意的男孩，而少年
则应在屈服于成年男性的欲望之前适当保持矜持。只有这样，成年
男性才能为少年树立道德典范，不让对方觉得自己仅是性需求的对
象。另外，少年有责任维护自己的尊严，保持得体的礼仪，因为他
既不是奴隶，也不是女人，而是一个在未来某天可以参政的自由
人。可以说，少年爱在整个希腊是一种社会和教育制度。这种形式
的关系在斯巴达、忒拜和雅典等城市都十分流行，是构成公民生
活、军事、哲学和艺术的重要成分，但显然这不是唯一的选择。

---

［1］　来自希腊语“παιδεραστία”，意为“喜爱少年的男人”。

图16 特洛伊木马，壁画，庞贝西皮乌斯·潘菲勒斯之家，
公元1世纪下半叶，那不勒斯国家考古博物馆

唯一需要注意的是，避免过度沉迷，把握正确尺度。

在少年爱关系中，未成年男性的角色和异性恋中的女性角色有很大不同。首先，未成年男性可以拒绝成年男性的求爱，但女性却不可以，因为女性的社会地位较前者更为低下。此外，两者的另一本质区别在于爱欲。爱欲在男女关系中不是必需因素，但在同性关系中却必不可少，因为爱欲是万事的动力。

在文学作品中，荷马的《伊利亚特》第一次描述了男性之间的深层情感联系，但书中并未深入讨论性爱方面的问题。在《伊利亚特》中，阿喀琉斯忠实的伙伴帕特洛克罗斯被赫克托尔用长矛刺死。帕特洛克罗斯的死，令阿喀琉斯绝望得像失去了一生挚爱。为了将两人的关系控制在社会允许的范围内，绘画作品中的帕特洛克罗斯总是被描绘成少年的形象，而阿喀琉斯则是成年男性的形象。

阿喀琉斯对帕特洛克罗斯的感情后来被定义为男性之爱的原型。此后，我们又见到了许多并肩作战、不求同生、但求共死的伙伴，正如在"弑僭者"铜像组一章提到的哈尔摩狄奥斯和阿里斯托革顿。

历史上另一对著名的成年男性伴侣是亚历山大大帝和他的童年挚友赫费斯提翁。根据埃里亚努斯的说法，在两人一起参观特洛伊城时，他看到亚历山大大帝和赫费斯提翁分别给阿喀琉斯和帕特洛克罗斯的坟墓献花。普鲁塔克在《亚历山大大帝传》中也证实了此事。

随着少年爱在希腊被逐渐禁止，人们对自由民与奴隶之间情爱的容忍度提高，但这种关系已不具有少年爱的教育价值。

说到宽容和接纳，不得不提到另一座地中海上的城市——那不勒斯。这座城市在诞生之初就浸润着古希腊文化，与古老的传统关联极深。

在那不勒斯的同性文化中有一个非常重要的角色——"菲密涅

罗"（femminiello）。这是那不勒斯方言中独有的词汇，从词源来看，它派生自拉丁语，是词根"fa-"（哺乳）与"mina"（生育）的结合，字面意思为"哺乳的女性"。在那不勒斯的社会结构中，菲密涅罗并未遭到歧视或打压，反而承担了十分重要的角色，人们经常把孩子托付给他们照顾。此外，在一些民间传统中，他们发挥着关键作用。例如，有一种叫作汤博拉（Tombola）的游戏，就专门由菲密涅罗主持。这种游戏诞生于 1734 年，当时由于宗教原因，博彩业被废除，聪明的那不勒斯人不得不寻找一种替代品。

在古希腊文化中，将男性与女性之美融为一体的赫马佛洛狄忒斯代表着雌雄同体的顶峰。同样的，菲密涅罗也包含了许多不同的性别认同，从跨性别者，到同性恋者，再到变性人，今天所有 LG-BTQ 代表的人群都涵盖其中。从"菲密涅罗"一词所蕴含的魔法的、精神的和神圣的内涵中，我们可以看出那不勒斯的古希腊文化根源。库尔齐奥·马拉巴特在小说《皮》中描写了一种以菲密涅罗为主角、模拟女性分娩的典型宗教仪式，称为"菲亚塔"（figlia-ta）。在仪式中，菲密涅罗伴着背景人声和时而尖锐的痛哭声尖叫、呻吟、祈祷，如同守灵时的祷告一般，让人想到蛊惑人心的狄俄尼索斯式的打击乐器。最后，随着用娃娃或巨大生殖器模型代表的婴儿出生，仪式也在观众欢呼声中结束。为了更接近真实，仪式可能会持续数小时。通常，菲密涅罗会盖上床单，因为根据传统，听到比看到更为重要。该仪式也出现在殴兹派特的最新电影《面纱下的那不勒斯》中。在影片的结尾，一个拥有巨大生殖器的普里阿普斯[1]雕像被"生"了出来。

与我们所想的不同，菲密涅罗、雌雄同体和同性恋等形象不仅被那不勒斯人所接纳，甚至还受到了认可和尊重。就算被人取笑，这些聪明人也总有办法应对。

当然，总有一些思想保守、拒绝多样、愚昧无知的人会给他人带来痛苦，这正是我们要说的塔兰蒂娜的故事。塔兰蒂娜是卡尔梅洛·科斯马的艺名，她是一位来自阿普利亚的变性人。70多年前，12岁的她被原生家庭抛弃，决定搬到那不勒斯。在那里，塔兰蒂娜找到了归宿，把那不勒斯人当作自己真正的家人，而当地人也将她视为城市的象征。2019年，那不勒斯决定在西班牙街区用壁画向塔兰蒂娜致敬，但出人意料的是，有人抹掉了塔兰蒂娜的脸，并写上了"这不是那不勒斯"的字样，该事件被媒体报道后引起轩然大波。为了回应这种行为，拥有开放包容传统的那不勒斯人聚集在一起，大声喊出"那不勒斯不会那样做"。

但谁又能比塔兰蒂娜本人更清楚那不勒斯对她来说意味着什么呢？我们在网上找到了她的一段话："从1947年起，我就一直生活

---

[1] 古代丰产之神；园艺葡萄、豆类、羊群的保护神，在希腊和意大利都被敬奉。他的外貌特征是生殖器官特别大。——译者注

在那不勒斯，当时我 12 岁。我见证了这座城市的重生，我比那不勒斯人更像那不勒斯人。我爱那不勒斯，爱我的生活，爱我的家庭——这是我童年未曾拥有的。我曾流落街头，那不勒斯给了我温暖，她欢迎我这个孩子，给了我一切。我觉得我就是那不勒斯人，我希望人们能从梦中醒来。生活属于活着的人，而人们必须抛开仇恨、歧视和种族主义去享受生活。我们都是平等的。"

怪　9
物

这一站，我们来到克里特岛，弥诺斯文明的发源地。这里是弥诺斯和弥诺陶洛斯的居所，也是宙斯出生的地方。

代达罗斯和伊卡洛斯的故事同样发生在克里特岛，我们的讲述就从这里开始。

阿波罗多罗斯告诉我们，代达罗斯凭借天赋和精湛的雕刻技艺闻名雅典，他的发明广受赞誉，神话中木质和陶制的翅膀就出自他手。代达罗斯名气日盛，甚至被誉为古希腊最好的雕塑家。然而，他不得不提防一个对手——他的学徒和侄子塔洛斯。塔洛斯通过观察代达罗斯工作，在短短几个月内就掌握了所有雕刻技艺。代达罗斯嫉妒侄子的才华，担心自己被超越，想要趁夜色杀掉他。这时，仁慈的雅典娜出现，让塔洛斯变成一只山鹑飞走了。犯下罪行后，代达罗斯逃到了克里特岛，一开始是弥诺斯宫廷的座上宾，后来一直定居于此。在此期间，代达罗斯与女奴诺克拉斯生下了伊卡洛斯。代达罗斯的才华在宫廷中也备受赞赏，他奉命解决一个困扰皇室已久的难题：海神波塞冬赠予克里特岛国王弥诺斯一头美丽的白色公牛，并让他把这头牛献祭给自己。弥诺斯认为这头公牛美丽绝伦，十分罕见，于是替换了祭品。对此，波塞冬勃然大怒，实施了残忍的报复，他让弥诺斯的妻子帕西淮迷上了公牛，并燃起与之结合的强烈欲望。在帕西淮的请求下，代达罗斯设计了一个空心木牛，让帕西淮可以伪装成牛的样子与公牛结合。几个月后，帕西淮生下一个畸形的牛头怪物——弥诺陶洛斯。弥诺斯国王遗弃了弥诺陶洛斯，把他关在一个复杂到没有人能找到出口的迷宫里，而这个迷宫正是代达罗斯的发明。他因帮助帕西淮与公牛结合而获罪，与他的儿子伊卡洛斯一起被囚禁在迷宫中。但根据其他文献记载，代达罗斯之所以被囚禁，是因为他给了阿里阿德涅毛线，让英雄忒修斯找到了迷宫的出口。

图 17　解放者忒修斯，壁画，那不勒斯国家考古博物馆

　　这个神话虽然有很多版本,但结尾总是相似的:代达罗斯用蜡做了一对翅膀帮助儿子逃跑,并嘱咐他不要飞得离太阳太近,以防翅膀融化。但我们大家都知道故事的结果,尽管有父亲的警告,伊卡洛斯还是飞向了太阳。翅膀融化后,伊卡洛斯坠入了大海,代达罗斯自己则逃到西西里岛避难,受到科卡罗斯宫廷的接待。弥诺斯得知此事后组织了一场比赛:谁能把一根线穿过海螺,谁就能得到丰厚的奖励。聪明的代达罗斯把线绑在一只蚂蚁身上,让它钻进洒满蜂蜜的海螺,最后只有他完成了挑战。弥诺斯要求科卡罗斯交出代达罗斯,但科卡罗斯国王的女儿们却帮助代达罗斯杀死了弥诺斯。

　　希腊神话中的人物总是出现在不同的故事中。例如,在代达罗斯和弥诺斯迷宫的故事中,我们还看到了忒修斯,现在让我们来说说他的故事。雅典战败后,弥诺斯每年都让人从雅典送来七对童男童女来喂养弥诺陶洛斯。忒修斯说服父亲雅典国王埃勾斯派自己到克里特岛杀死弥诺陶洛斯,承诺事成之后便乘船返回,并挂起象征胜利的白帆。当他到达弥诺斯的宫廷时,迷人的忒修斯吸引了弥诺斯和帕西淮的女儿阿里阿德涅的注意,这位公主疯狂地爱上了他。当天晚上,公主来到忒修斯的房间,告诉他在杀死弥诺陶洛斯后逃出迷宫的方法。忒修斯只需借助一个毛线球,将其一端绑在迷宫入口,另一端握在手里,就能成功回到出口(据一些文献称,这是代达罗斯的主意）。这一幕正是本章藏品《解放者忒修斯》所展现的故事，该壁画发现于庞贝的加菲乌斯·鲁弗斯之家，描绘了英雄忒修斯走出迷宫时的场景。忒修斯的故事一直是最经典的艺术主题之一，原作出自公元前5世纪雅典画家尼西亚斯之手，罗马时代亦有复制品。画中死去的弥诺陶洛斯躺在忒修斯脚下，周围却洋溢着喜悦和欢乐。孩子们包围着忒修斯，兴高采烈地亲吻他的手和脚，感谢他为克里特岛除害。可想而知，雅典人也一定心怀感激，因为他们再也不用进献孩子了。

1989年，德国考古学家伯恩哈德·施马尔茨指出，在公元前5世纪的希腊文化中，吻手并非代表感谢，而是表示顺从。但尼西亚斯为何要这样隐晦地描绘顺从呢？根据古罗马圣像学，吻手以示顺从的寓意源自奥古斯都。奥古斯都大帝经常与忒修斯的形象联系在一起，因为他也曾帮助自己的城市摆脱邪恶。总之，在忒修斯形象的背后，隐藏的是奥古斯都的影子，而英雄脚下的弥诺陶洛斯也代表了克里特岛对雅典统治的终结。

神话中讲到，忒修斯在回来的路上忘记曾答应父亲要升起白帆，埃勾斯以为自己的儿子已死，绝望地跳入了大海。为了纪念他对儿子的爱，人们用他的名字命名了这片海[1]。

---

[1]　即今天的爱琴海。——译者注

忒修斯带着阿里阿德涅上船后，将她遗弃在了纳克索斯岛（Naxos）上，由此还产生了著名的"弃之于阿索"（piantare in asso）的说法[1]。酒神狄俄尼索斯收留了陷入绝望的阿里阿德涅，娶她为妻，并让她走在狂欢队伍的最前面。简而言之，这是一种原始的"补救婚姻"[2]（matrimonio riparatore）。

现在，让我们讲讲弥诺陶洛斯和公牛。弥诺陶洛斯经常出现在文学作品中。在但丁的《神曲》中，弥诺陶洛斯看守着象征暴力的第七层地狱，这是因为在希腊神话中，弥诺陶洛斯象征着和人的理性相悖的本能与兽性，而施暴者正是那些受本能驱使失去理性的人。在基督教神学看来，这是一种极为严重的罪过。动物所做的一切都是为了生存，所以是无罪的，但人类应该用理性避免纯粹的暴力。在《神曲》中，维吉尔战胜弥诺陶洛斯，正是寓意理性战胜本能。

至于公牛，自古以来，几乎所有地中海文化都视其为神圣的动物，并将其与月亮、星座、生育、重生乃至王权联系在一起。

对公牛形象的描绘最早可追溯至旧石器时代晚期（公元前

---

[1] "piantare in Nasso"与"piantare in asso"在意大利语中读音相同，时间一长，"纳克索斯"（Nasso）就变成了"阿索"（asso），意思是"在不告知的情况下突然抛下某人"。——译者注
[2] 所谓"补救婚姻"，是指为了补救不光彩行为（如私奔或未婚先孕）而促成的婚姻。——译者注

20000—前 17000 年），人们在法国拉斯科洞穴和西班牙北部阿尔塔米拉洞窟中发现了一些野牛壁画（约公元前 18500—前 14000年）。

公牛崇拜则最早可追溯至公元前 7000 年前后。在土耳其的加泰土丘遗址，公牛的形象出现在一些圣殿壁画中。此外，人们还发现了牛头石膏像，现藏于安卡拉博物馆。

美索不达米亚也为我们提供了公牛崇拜的证据。在那里，公牛不仅与权力和皇室有关，还被当作祭品，许多出土文物都描绘了公牛被刺穿喉咙的场景。在一些泥封上，人们还发现了牛身人头或牛头人身的形象，很可能象征着人对动物的支配，或者说是理性对本能的控制。

总之，在美索不达米亚，公牛的形象通常代表王权，有时还会被描绘成带有翅膀的样子，或与狮子为伴，一起守卫皇宫。

公牛崇拜在其他文化中也很常见。希伯来文化经典《妥拉》记述，摩西的兄弟亚伦在摩西到西奈山上领受十诫期间，为了取悦犹太人，用从埃及法老那儿获得的金子做了一头牛犊。这段故事第一次出现在《出埃及记》中，又被称为"牛犊之罪"。早在犹太人出走埃及之前，当地就有崇拜阿匹斯公牛[1]的传统。因此，一些学

---

[1] 古埃及孟菲斯神祇之一，为公牛形象。具有重大的宗教影响和历史意义。——译者注

者认为，犹太人在金牛故事中重现了这种崇拜。还有人认为，这是因为以色列的上帝耶和华有时会以牛犊或公牛的形象出现。

古埃及是公牛崇拜最重要的中心。除了顶着金色圆盘的阿匹斯公牛，另一早期公牛崇拜的证据可追溯至前王朝时期。1898 年，考古学家弗雷德里克·威廉·格林在希拉孔波利斯的墓地发现了"100 号"墓，墓中有一个牛棚，里面有一头公牛、一头母牛和一头牛犊。在第一王朝的首位法老那尔迈统一埃及后，公牛就成了国王及王权的象征。

有一件重要的出土文物——"那尔迈石板"，可以帮助我们理解公牛崇拜。石板可以追溯至约公元前 3100 年，我们在上面发现了迄今为止最古老的象形文字铭文。其中，国王被描绘成一头碾踏敌军的公牛。除了象征权力，公牛还是重要的随葬品。在其他一些同时期（第一王朝）的墓葬内，人们还发现了许多陶制牛头像（其中一个墓葬中出土的牛头像数量多达 300 个）。此外，在阿匹斯神崇拜同样十分普及的萨卡拉，也出土了类似的牛头像，甚至还有公牛头骨。阿匹斯神的化身是一头皇室公牛，生前受人照料供奉，死后经防腐处理，沿孟菲斯城的圣路，用船运送至塞拉比斯神庙埋葬。

现在，让我们回到克里特岛。克诺索斯宫殿的东墙上有一幅重要的斗牛壁画，现珍藏于伊拉克利翁考古博物馆。该壁画可追溯至公元前 1700—前 1400 年，描绘了一群年轻人在公牛身上进行杂技表演的场面。

克里特岛的阿基亚特里亚达遗址出土了一具石棺，内部绘有各种场景。在一侧的绘画中，一头公牛躺在祭坛上，鲜血从被割破的喉咙中不断流到瓶子里；在另一侧，一个女人将牛血倒入用作献祭的容器中。这很可能是一种仪式，而公牛的血象征着重生。

在希腊，以公牛为主角的仪式和故事还有很多。除了弥诺陶洛斯，其他"著名"的公牛还有马拉松野牛、海格力斯驯服的公牛阿刻罗俄斯和欧罗巴神话中的公牛（我们会在后文详细介绍）。

在罗马，情况也并无二致：公牛不仅是祭品，也是重生的象征。与此相关的仪式常与密特拉教联系紧密，这种秘密宗教的核心是密特拉神崇拜。在绘画中，密特拉常以杀死公牛的形象出现。传说，他真的在山洞中杀死过一头公牛。虽然我们对公牛献祭仪式的具体细节知之甚少，但有一点可以肯定：在人们的鼓动下，公牛倒在血泊之中，这种血腥的场景不仅带给人们乐趣，甚至将最无动于衷之人的灵魂也唤醒了，这与罗马斗兽场内角斗士的厮杀如出一辙。

图 18 挑战弥诺陶洛斯,毕加索(蚀刻版画,现代艺术博物馆),

ⓒ akg-images/Mondadori Portfolio-ⓒ Succession Picasso,by SIAE 2020

　　如果把"戏牛""斗牛"和斗兽场与展现理性战胜兽性的娱乐性杀戮结合在一起,那就有了西班牙斗牛。让我们现在飞往西班牙一探究竟。

　　真正的西班牙斗牛是伊比利亚半岛由来已久的风俗习惯,与之后衍生出的各种残忍的斗牛大为不同。西班牙斗牛通常在周日下午或公共假期举行,是极受欢迎的传统,以至于西班牙人也将其称为

"国庆节"。

斗牛在斗牛场中举行。上场前，斗牛士会在场地和看台之间的过道做准备。随后，斗牛士和牛在场地中央展开较量，每一次冲刺都让观众屏息凝神。

尽管残酷血腥的斗牛遭到许多动物保护主义者的反对，但西班牙的塞维利亚、马德里和潘普洛纳等一些城市仍坚持举办斗牛活动。此外，斗牛也是梅迪纳塞利节、圣伊西德罗节和圣费尔明节等传统节日的固定项目。斗牛的起源一直存在争议，有人认为斗牛最早可以追溯至古希腊或古罗马时代，当时主要被视作一种游戏；也有人认为斗牛应追溯至9世纪伊斯兰教盛行的时代，还有人认为应追溯至中世纪。无论如何，今天我们熟悉的斗牛，是随着1670年塞维利亚建立第一所斗牛学校而诞生的。

斗牛的主角不只有牛，还有斗牛士，且这项职业多为子承父业。历史上知名的斗牛士有许多，例如西班牙斗牛士马诺莱特，他于1947年8月28日去世，时任西班牙首相弗朗西斯科·佛朗哥宣布全国哀悼三天；还有20世纪20年代著名斗牛士多明戈和他的儿子——马德里人路易斯·米格尔。路易斯·米格尔是米格尔·博塞的父亲，他与马诺莱特是好友，也是毕加索等西班牙艺术大师的朋友。他不仅是西班牙文艺界的名人，也享有国际声誉。1956年，他参演了迈克尔·安德森拍摄的《80天环游世界》。1996年，路易斯·米格尔死于心脏骤停，海明威从他的人生经历中汲取灵感，创作了小说《危险夏日》。毕加索对好友既由衷敬佩，又夹杂着一丝嫉妒，甚至曾一度痴迷于弥诺陶洛斯的形象。两人有一张著名合影，照片中毕加索在路易斯·米格尔帮助下穿上斗牛士胸衣。毕加索甚至说："如果能成为路易斯·米格尔就好了。斗牛就是艺术。"对于毕加索的这句话，我们也许会感到些许震惊，因为这相当于将弥诺陶洛斯视为他的另一个自我。

1933 年前后，毕加索开始展现出对弥诺陶洛斯的兴趣。当时，他受沃拉尔委托，创作了一系列版画。这一时期，他的代表作有《弥诺陶洛斯和裸女》《女童引导失明的弥诺陶洛斯》和《挑战弥诺陶洛斯》等炭笔画作品。

毕加索一生都将自己视作是半人半牛的弥诺陶洛斯，这也影响了画迷和学者对其作品中这一形象的解读。为了解释这个怪物为何在他的作品中反复出现，画家声称，如果有人像在地图上连线一样，把他的人生节点连在一起，得到的将是一个弥诺陶洛斯。2000年，马德里索菲娅王后国家艺术中心博物馆举行了《毕加索弥诺陶洛斯》主题的展览。对毕加索而言，弥诺陶洛斯就是他自己和更广泛意义上人类的表达，它融合了人性的两个层面——理性和兽性，如同硬币的两面。政治家安德烈·马尔罗曾经说过："在西班牙，人们早上去教堂，下午去斗牛场，晚上去妓院。"这句话在毕加索和他的斗牛士朋友们身上得到了最充分的表达。

公牛代表着罪过与救赎、力量与破坏。斗牛与其他以公牛为主角的仪式，勾勒出生与死的永恒斗争。在斗牛场内，本能与理性、冲动与道德，延续着自古以来的冲突与较量。如果人类既保有兽性，也保有理性，那这场较量实际上就是自己对自己的战争，因为我们既是弥诺陶洛斯，也是忒修斯。

女
诗
人

现在我们来到希腊东北部的莱斯沃斯,一个靠近安纳托利亚半岛的迷人岛屿。这里不仅以盛产石油闻名,还因是萨福(Saffo)的出生地而为人所知。萨福是古希腊著名的抒情女诗人,也是同性之爱的象征。

公元前 7 世纪,莱斯沃斯岛因一些文学团体活跃的政治文化活动而声名远扬。当时,家境优渥的诗人、作家聚集在一起,讨论每日议题,发表创造性见解。团体依据性别划分,男性团体称为"eterie",女性团体称为"tiasi"。团体内部十分和谐,显示出文人的独立性和优越感。

在这些团体中,成员间关系十分密切,尤其是女性成员之间。因此,有一种说法很快就流传开来,即团体内部出现了同性关系的萌芽。在女性团体中,成员被教导成为好妻子,不仅要会唱歌、跳舞、追求精致与美,还要懂得爱的艺术,只有这样才能拥有美好的婚姻。正是在这种背景和偏见的影响下,从"莱斯沃斯"(Lesbo)派生出了"蕾丝边"(lesbica)一词,即我们今天所说的"女同性恋"。

萨福正是出生在这一时期的莱斯沃斯。很久以来,她也被认为是本章壁画中的人物。这幅壁画可追溯至公元 55—79 年,于 1760 年与另一幅男性肖像画一起,在庞贝的一座古代公寓遗址中被发现。画中女子左手拿着由四块蜡板组成的多联画,右手拿着一支笔贴在嘴唇上，摆出沉思的姿势，展示出她的良好教养和高贵门第。

图 19　萨福，壁画，那不勒斯国家考古博物馆

与萨福同时代的伟大诗人阿尔卡埃乌斯曾向她献诗，"紫罗兰的腰带，纯洁、甜蜜的笑容，萨福"。这位女诗人出身贵族，正因如此，她不仅能够投身文学，在政治上亦是十分活跃。她因反贵族运动而被流放到西西里岛，回国后成为当时最受欢迎的作家之一，甚至获得了"第十位缪斯"的美誉。

萨福全心投入由她领导的女性团体中，并成为社团的象征。在此期间，萨福的文艺思想爆发，她甚至装扮成少女的保护神——阿佛洛狄忒的女祭司。为此，阿尔卡埃乌斯认为她"十分可敬"。在致敬萨福的仪式上，人们伴着音乐，朗诵献给她的诗歌。每当有成员因结婚要离开时，萨福还会和同伴一起吟诵祝婚歌，以回顾共同度过的时光，并对未来许下美好祝愿。

萨福在团体中扮演导师和女祭司的角色，加上与女孩们关系亲密，她的性取向受到了质疑。这种说法一直流传至中世纪和近代早期，一方面增加了她诗歌的吸引力，另一方面也使她成为女性主义的化身。

萨福生活的时代对希腊各地的女性都意义非凡。以意大利第一个希腊殖民地克罗托内为例，当地女性因拒绝为家庭放弃自我和外在美而闻名。她们机智聪明，崇尚毕达哥拉斯学派的思想。思想开放的毕达哥拉斯认为，获得知识不是男人的特权。早在耶稣诞生前的几个世纪，克罗托内女性就已经成为思想先锋，至今仍被视作捍卫性别平等的楷模。

深受东方影响的伊奥尼亚沿海城市米莱托也因重新定义妇女及其社会角色而出名。公元前 470 年前后，阿斯帕西娅在此地出生。作为伯里克利的终身伴侣，阿斯帕西娅一直饱受恶意中伤。

阿斯帕西娅来到雅典望族阿尔西比亚德斯家中，希望觅得良缘。但不久之后，时任执政官的伯里克利颁布了一项关于公民权利的法律，规定只有父母都是雅典公民，才能拥有选举权并参与政治生活。作为外邦人，阿斯帕西娅生活负担十分沉重，享有的权利却极为有限，她只能作为情妇，生下私生子。然而，所有接触过她的人，都无可救药地被她迷住了。尽管她从未被描述成一个沉鱼落雁的女人，但没有人不为她动心，连执政官也不例外。伯里克利疯狂地爱上了她，并为她抛弃了已育有两个孩子的妻子。

在《伯里克利传》中，普鲁塔克非常好奇，这个道德败坏、品行不端的女人，到底用什么迷住了执政官。苏格拉底把阿斯帕西娅视作自己的人生导师，克赛诺丰则将她视为"婚礼顾问"。大量关于她的著作、论述和哲学作品，都为我们展现了一位独立的女性思想家形象。关于她的公共舆论出现了两极分化：当哲学家将她提升为标志性人物时，喜剧作家却对她冷嘲热讽。与她同时代的作家克拉提诺斯在喜剧《喀戎的追随者》中抨击阿斯帕西娅是"危险的情妇"，因为她与传统观念中沉默、专注于丈夫和家庭的女性形象不同。她甚至因此被判处死刑，最后还是因为伯里克利的眼泪才逃过一劫。

但如果认为雅典执政官是她的白马王子，那就大错特错了。伯里克利于公元前 429 年因瘟疫去世，此后，阿斯帕西娅并未因此一蹶不振，而是又一次利用自己的资源谋生。她成为另一个政治家吕西克列斯的情妇，因此保证了经济来源和稳定生活，并为他生育了一个儿子。这是继小伯里克利后，她生育的第二个私生子。

谈到解放，伊特鲁里亚的贵族女性也值得一提。她们与丈夫共同出席宴会，参与政治生活，有的精通宗教神谕，例如塔奎尼乌斯·布里斯库斯的妻子塔纳奎拉；有的精通历史，例如克劳狄皇帝的第三任妻子普劳蒂娅·尤古拉尼拉[1]。与拉丁女性不同，伊特鲁里亚女性在氏族姓氏旁边保留了自己的名字。在最有文化和政治才能的女性中克莱奥帕特拉占有一席之地。根据历史学家的说法，她会说七种语言。自托勒密王朝统治早期，世界各地文化就在亚历山大城交融，而克莱奥帕特拉正是这种多元文化的体现。

反观古罗马，女性一直处于从属地位，把传统理念中"顺从的女性"作为行为标杆。尽管如此，自帝国建立初期，古罗马贵族内部也出现了小范围的女性解放潮流。根据当时监察官的说法，古罗马女性开始参与一些典型的男性活动。老普林尼似乎很欣赏这种变化，而一些人则对热衷司法和文学的女性冷嘲热讽。尤维纳利斯（《讽刺诗六》）将他理想中的女性描述为"不写矫揉造作的文字……也不精通历史，哪怕看些书也不求甚解"。而对于那些在摔跤、打猎和战车比赛等体育活动中敢于和男性竞争，并追求思想自由的女性，社会的态度可想而知。

基督教团体在重新规范女性行为方面起着十分重要的作用，希帕蒂娅的故事很有代表性。希帕蒂娅于公元350年前后在亚历山大城

---

[1] 她帮助丈夫编写了目前已经失传的伊特鲁里亚史书《第勒尼卡》（*Tyrrenikà*），其中很可能涉及伊特鲁里亚祖先的史料。

出生，她拥有两个既受争议又十分重要的身份——科学家和哲学家。

图 20　希帕蒂娅之死，查尔斯·威廉·米切尔，ⓒ akg-images/Mondadori Portfolio

即使在1600多年后的今天，希帕蒂亚仍然是个体自由与思想自由的化身。她的父亲希恩既是亚历山大的一位数学家，也是她的老师。他们一起负责了许多项目，包括重新编纂欧几里得的《几何原本》。后来，希帕蒂娅成为该市柏拉图学院的负责人。她以柏拉图思想为基础，讲授数学和哲学课程。希帕蒂娅的课程让学生痴迷，其个人魅力和精妙的教学方法更是让人终生难忘。此外，她还在亚历山大博物馆教授数学、天文学和哲学。

不幸的是，希帕蒂娅受到了政治与宗教冲突的牵连。当时，亚历山大省行政长官奥雷斯特坚决捍卫文化传统相对于宗教的独立性，而主教区利罗则试图不断拓展自己的权力范围。双方的矛盾从政治冲突演变为宗教冲突，并最终升级为异教和基督教之间的冲突。希帕蒂娅由于和奥雷斯特关系紧密而遭到诽谤，人们认为，正是因为她，双方才无法和解，因此，她是导致冲突的主要原因之一。作为科学和知识的象征，希帕蒂娅最终被指控为不虔诚，并于公元415年被基督教徒处以石刑。今天位于都灵的国际妇女与科学中心正是为纪念她而建立的。

最后，让我们来说说典型的男性优势学科——医学。我们必须要记住，世界上的第一位女医生是来自雅典的阿格诺迪丝，她是一名女妇产科医生。但在专业技能受到肯定前，她不得不乔装成男性工作。此外，萨莱诺医学院的女医生也作出了杰出贡献。该学院成立于公元 9 世纪，广泛吸纳女科学家，教学文化开放包容。

在这场探寻勇敢、顽强、能力出众的女性之旅中，让我们暂别古代世界，来到 1861 年刚刚统一的意大利。在这里，我们能够一睹"女强盗"的风采。"女强盗"不仅指强盗的伴侣，还指真正领导武装部队的女首领。

对于这段历史，至今仍有很多讨论。作为主角的女强盗是意大利统一前后女性形象的分水岭，代表人物之一是弗兰切斯卡·拉·甘巴，她经历了拿破仑统治和法国占领南意大利的年代；此外，还有米凯利纳·狄·切萨雷和玛丽亚·露西娅·迪内拉，她们都是统一时期的女强盗。

在卡拉布里亚，女性为扩大生产规模和促进当地经济发展作出了重要贡献。她们夜以继日地辛勤劳作，让贫瘠的土地重新焕发生机。她们做出了巨大牺牲，展现了坚毅的女性世界，让许多艺术家为之着迷。西奥多·布伦森在《搬运重物的女人》中描绘了两位卡拉布里亚女性形象，展现了她们辛劳而令人钦佩的生活。切萨雷·帕韦塞在流亡布兰卡莱奥内期间，记录下了当地女性用脑袋晃晃悠悠运送罐子的场景，非洲和东方至今还延续着这种习俗。

一个世纪后，卡拉布里亚出现了新的女英雄，她们是为补贴家用而辛勤劳作的采花女工和采橄榄女工。她们工作艰辛，却未得到相应的报酬。面对剥削，她们站出来捍卫自己的权益，最终获得了更高的工资。时至今日，这些勤劳智慧的女性仍被视作勇气、耐心和毅力的象征。

不得不提的还有卡拉布里亚的"巴尼亚拉妇女"[1]。如今，你可以在当地欣赏到西尔维奥·阿梅利奥为她们建造的纪念碑。这些女性已成为集体想象的一部分和女性解放的象征，她们闻名世界，受到众多诗人、作家、记者和导演的赞颂。

巴尼亚拉妇女美丽、强壮，擅长经商。她们把家庭的重担扛在肩上，深刻影响了城市经济和社会生活。她们精打细算，创造财富，像勤劳的蚂蚁一样不知疲倦地工作。她们在卡拉布里亚和西西里岛上走街串巷，贩卖水果、蔬菜、鱼，甚至是走私的盐。

可想而知，这些女性也激发了作家的灵感，频频出现在文学作品之中。在路易吉·帕尔帕廖洛笔下，她们狡猾、泼辣，但同时"丰腴、庄重、强健而充满活力"。科拉多·阿尔瓦罗在《南方列车》中，作者建议游客到圣乔万尼镇去参观她们工作。在这些女性中，有凭借经营天赋创办小型鱼类加工厂的尼娜·罗坎多尼，还有一直为自己的出身感到自豪的米娅·马丁尼。

现在让我们再次回到古希腊，用一个浪漫的故事结束这一章。众所周知，那不勒斯起源于帕耳忒诺珀的传说。帕耳忒诺珀就是塞

---

[1] 巴尼亚拉当地从事卑微和繁重体力劳动的女性。——译者注

壬，一种可以利用声音蛊惑人心的海妖。对于船员而言，她既是噩梦，也是欲望。塞壬身上融合了两种对立的特质——知识与死亡，未来和过去。她们守护着冥界，是强大的引诱者和冥界的引路人。

传说，帕耳忒诺珀的身体溶解后，形成了那不勒斯的景观，那不勒斯被称为"女子一般"的城市。的确，在其千年的历史中，这座城市见证了无数女性改写历史：从库迈女先知到玛丽亚·苏菲亚女公爵，再到艺术大师爱德华多·德·菲利波创造出的菲卢梅纳·马尔图拉诺——这个虚构的形象已经成为那不勒斯女性的象征。

像菲卢梅纳·马尔图拉诺这样的女性，至今仍是地中海的代表。地中海用丰富的物产和代代相传的饮食文化滋养着我们的身心。摩洛哥作家塔希尔·本·杰隆将地中海比作一位女性，他说："地中海是一位粗暴的母亲，但我们却深爱着她。因为橄榄油、天空和蔬菜的颜色，我们可以忍受她苦涩的爱。她让我们沉醉于疯狂却不可或缺的梦想中。地中海是呼吸，是欢笑，是快乐，也是忧伤。地中海的胸怀如此宽广，我们能够躲避其中，尤其是当同胞自相残杀之时。"

地中海的女性也像大海一样，凭借着原始的力量，让勇于反抗和保持独立成为她们最突出的特质。

11

大理石山

　　罗德岛，也称罗德斯岛，是佐泽卡尼索斯群岛最大的岛屿，位于整个群岛的最东侧，距离土耳其海岸不到 20 千米。罗德岛的名字源自希腊语"玫瑰"，而玫瑰也是该岛主要标志之一。传说，罗德斯是海神波塞冬的女儿，赫利俄斯爱上她并娶她为妻，两人结合后生下了林佐斯、伊利索斯和卡米罗斯，也就是今天岛上的三个主要城市。罗德岛的另外两个标志是鹿和木槿。据说，鹿让罗德岛摆脱了蛇的威胁，现在罗德岛的港口处就有一尊鹿的雕像，而木槿则是岛上随处可见的花卉。

迷人的罗德岛是艺术家阿波罗尼奥斯和陶里斯珂斯的故乡，老普林尼的《自然史》记载了他们的故事。据说，他们共同完成了著名的法尔内塞公牛雕像。这座雕像是公元 2 世纪至 3 世纪希腊化时代的一座大型雕塑的复制品，再现了安菲翁和西苏斯兄弟将狄耳刻的头发绑在公牛身上，让她被肢解而死的场景。雕像左侧，西苏斯试图用绳子把狄耳刻的头发绑在公牛的角上，另一侧的安菲翁一边协助西苏斯，一边无动于衷地看着受害者，而此时的狄耳刻只能乞哀告怜。在他们身后的是两兄弟的母亲安提俄珀，她曾在狄耳刻和利库斯[1]的宫廷中遭受暴力和虐待，两兄弟正是在为她报

_____

[1]　安提俄珀的丈夫和叔叔。

图21 法尔内塞公牛，那不勒斯国家考古博物馆

仇。在他们脚下，一个牧羊人[1]和一只狗正注视着这一切。

这座雕像在被希腊艺术品收藏家阿西纽斯·波利奥带到古罗马后很快名声大作，从庞大的复制品数量上就可见一斑。1545年，在教皇保罗三世委托开展的考古发掘中，人们在罗马卡拉卡拉浴场发现了这座雕像，但两兄弟的头和狄耳刻的上半身都不见了。从那时起，该雕像成为法尔内塞收藏的一部分，后被波旁王朝的卡洛斯三世从其母亲那里继承，如今陈列在那不勒斯国家考古博物馆里。法尔内塞公牛雕像重约24吨，是迄今为止发现的最大的古典大理石作品，因此又被称为"大理石山"。

这座雕像可以从任何角度观赏，其细节完美符合解剖学，令人着迷。创作者十分注意对细节的刻画，如斗篷、女性的外衣、公牛的线条等，加上对整体结构的精妙安排，堪称完美组合。此外，雕像中的每一个形象都塑造得十分成功，可以单独拿出来欣赏。

希腊化时代的罗德岛活跃着众多雕塑家，让这里成为真正的雕塑艺术殿堂。其中有著名的艺术大师，如留西波斯和他的学生卡雷斯，后者设计了罗德岛太阳神巨像，该雕像是古代世界第六大奇观，一直是罗德岛的骄傲。

---

[1] 有人说他象征着季赛荣山。

想了解太阳神巨像的故事，就必须回到公元前 305 年。这一年，马其顿安提柯王朝君主德米特里一世率领 4 万大军和 200 艘军舰来到罗德岛，要求其解除与托勒密一世建立的"罗德岛—埃及联盟"。面对岛上由高大护城墙组成的高效防御工事，德米特里一世建造了巨型弩炮用来进攻。不幸的是，一场暴风雨摧毁了弩炮，德米特里一世不得不改变进攻策略。他随后建造了一座塔楼，但仍未能成功攻城。第二年，波利特摩斯将军前来救援，德米特里一世被迫撤军。

罗德岛人相信，正是因为有守护神赫利俄斯的庇佑，他们才得以战胜敌人。为此，他们建造了太阳神巨像，而塔楼则成了建造铜像用的脚手架。这座铜像塑造的极可能正是赫利俄斯，他的双腿跨过曼兹拉基港口两端。在最初的设计中，他一手举着火把指向天空，起到灯塔的作用，另外一侧肩膀背着弓弩，仿佛一座古代的自由女神像。

这座铜像重达 20 吨，高达 32 米。有人认为，铜像两腿之间有 10 多米宽，足以让船只通过。因此，许多人都十分好奇，雕像是如何屹立不倒的。也有人认为，为了更好地保持平衡，铜像的双腿是并拢的。铜像内部有铜板包裹的木制骨架支撑，与大理石底座相连。这座铜像耗时 12 年建成，在之后的 67 年里一直屹立不倒，直到一场大地震将其摧毁。

图22　罗德岛太阳神巨像，版画，梅尔滕·范·海姆斯凯（16世纪），

© Fine Art Images/Heritage-Images/Mondadori Portfolio

　　许多人曾提议重建太阳神巨像。公元653年，阿拉伯人占领罗
德岛，将铜像从海底打捞上来并分割成块，卖给了一个来自埃米
萨[1]的犹太人。在此之后，要求重建的呼声更加强烈。据说，这

[1]　今叙利亚霍姆斯（Homs）。

位犹太人一共用了 980 头骆驼将其运回家乡，但此后再无下文，铜像也很可能已被熔解。罗德岛似乎对制造巨人像有一种狂热。2000年，时任市长的乔治·扬诺普洛斯投入约 3000 万欧元招标，希望用原始技术还原太阳神巨像，并在 2004 年雅典奥运会前完工，但这显然不切实际。

如此巨大的雕塑，无疑为集体想象留下了空间。1961 年，大导演赛尔乔·莱昂内撰写、改编并执导了电影《罗德岛巨像》；乔治·雷蒙德·理查德·马丁的《冰与火之歌》和电视剧《权力的游戏》中，也都出现了用青铜和石头建成、双腿分开站立的布拉佛斯巨人像；而在电子游戏《战神 2》中，巨人则被设计成了要被击败的怪物。

罗德岛与伟大的考古学家阿梅代奥·马尤里联系紧密。马尤里因庞贝考古而闻名，曾担任那不勒斯国家考古博物馆馆长。地方政府多次建议，将考古博物馆所在的广场以他的名字命名。

1916 年 2 月至 1924 年 10 月间，马尤里一直住在罗德岛上。1936 年，他再次回到罗德岛。他发现了古代体育场和剧院，确定了体育馆的准确位置，并开发了岛上的庞大考古遗产。马尤里致力于教授当地陶匠复制考古发现的器皿，包括那些出现在艺术书籍中的杰作。在他的影响下，当地建立了一所陶艺学校，专门仿制古雅典陶器，如今深受游客喜爱。

　　马尤里在回忆录《从爱琴海到第勒尼安海》中致敬了克里特岛和罗德岛，书中展现了意大利考古学家与当地居民的紧密联系。实际上，他一直非常尊重当地人，并有意违背来自罗马的指示，从未将罗德岛视为意大利的一个省，而是强调其独特的历史传统，并且竭力保护其悠久的文化。在"那不勒斯四日"，即反对纳粹法西斯的城市起义中，他成功挽救了博物馆内的所有文物，包括用沙袋护住法尔内塞公牛雕像。也许，他才是罗德岛真正的"巨人"。

12

看不见的敌人

现在，让我们登上土耳其的卡兹山。这座山又名伊达山，但请不要将其与克里特岛的伊达山混淆，尽管神话的确将两座山联系在了一起。土耳其的伊达山位于特洛伊城附近，《伊利亚特》提到了它的最高峰——加尔加罗峰。牧羊人帕里斯在此地度过了他的青春岁月；宙斯在这里绑架了荷马眼里凡间最美的人——该尼墨得斯；引发特洛伊战争的祸根也在这里埋下：当时，帕里斯被任命为最高裁判官，被迫对试图在美貌上争出高下的三位女神——赫拉、雅典娜和阿佛洛狄忒进行评判。

古时伊达山用于敬拜库柏勒，即掌管自然、人类和动物的女神。据说，古罗马神谕《西卜林书》也诞生于此。起先，人们认为该神谕来自于伊奥尼亚的埃律特莱亚女先知，后来人们又认为它来自于库迈的女先知。最后，神谕由奥古斯都大帝保管，存放于帕拉蒂尼山上的阿波罗神庙。

在切入正题之前，请允许我们先介绍一个特别的铜鼠雕像，以引出"鼠神阿波罗"的故事。这座小型铜雕的主体是一只前爪搭在核桃上的小老鼠，最初是公元1世纪波吉亚的收藏。挽歌诗人卡利努斯告诉我们，"鼠神阿波罗"通过神谕，帮助克里特岛特洛伊人的祖先透克洛斯人在伊达山定居。就这样，神话将土耳其的伊达山和克里特的伊达山联系在了一起。

图23　铜鼠雕像，那不勒斯国家考古博物馆

　　这个故事起源于特洛伊王室的祖先透克洛斯，他是克里特岛伊达山一个仙女的儿子。根据神谕的指示，他和父亲出发寻找新的地方定居，且神谕同时指出，当地的"居民"会对他们发起攻击。到达特洛阿德后，父子二人决定扎营一晚再出发。当晚，有许多老鼠冲进营地，啃咬他们的武器、盾牌和弓弦。透克洛斯和父亲意识到来对了地方，便决定在特洛阿德定居，后来还在那里建立了一座献给"鼠神阿波罗"的神庙。

　　这种奇怪的崇拜传播范围很广，最初很可能与一位古老的农神有关，后才与阿波罗联系在了一起。阿波罗"鼠神"的称号来源于迈锡尼，在克诺索斯和武拜也找到了相关证明。老鼠被认为是瘟疫的携带者和传播者，阿波罗因消灭了数量庞大的老鼠而受到尊崇，并获得了这一称号。

然而，荷马却塑造了一个利用老鼠传播疾病进行复仇的"鼠神阿波罗"。在《伊利亚特》中，阿伽门农[1]冒犯了阿波罗的祭司。为了惩罚他，阿波罗将一群携带瘟疫的老鼠送进了亚该亚人的营地。雕塑家斯科帕斯就曾于公元前 4 世纪塑造过一个脚踩老鼠的阿波罗形象。

因此，阿波罗呈现出两种截然不同的形象。从神话和对雕像的解释来看，他消灭了鼠患，将人类从瘟疫中解救出来，是个受敬仰的神。但在特洛伊人祖先的故事中，阿波罗对老鼠情有独钟，甚至利用它们来发布神谕。根据这种解释，阿波罗雕像脚下的是家养的神佑白鼠，神圣且拥有占卜的能力。说到这里，不得不提到埃利亚努斯，他在《论动物的特性》中，记载了小亚细亚阿马西托的一些特殊习俗。根据这些习俗，老鼠被饲养在"鼠神阿波罗"的神殿内。祭坛底部由一群白鼠占据，祭坛上有一幅供人们祷告，且颇为庄严的老鼠画像。因此，存在许多关于老鼠的神话和迷信的说法。例如，人们认为白鼠能带来好运，但如果举行仪式时被老鼠叫声打

---

[1] 希腊神话中的迈锡尼和阿哥斯王，因弟妻海伦被特洛伊王子帕里斯劫走，便发动了为期十年的特洛伊战争，并任希腊联军统帅。希腊人将他视为仅次于宙斯的偶像。——译者注

断，则被视作是不吉利的。

从帕里昂到博兹贾，从克里斯到拉里萨再到基拉，特洛阿德很多地方都有"鼠神"崇拜。在其他神话中，"鼠神"崇拜也与莱斯沃斯岛和库迈联系在一起。据说，库迈的阿波罗神庙中就生活着大量老鼠。

荷马的《伊利亚特》可以帮助我们加深对"鼠神"称号的理解。根据书中记载，阿伽门农拒绝将克律塞伊斯交给他的父亲——阿波罗的祭司克律塞斯。克律塞斯被粗暴地驱逐出希腊营地，别无他法，只能向阿波罗求助。他祈祷道："鼠神啊，请听我说！看在我曾为你建立神庙，曾为你献上肥硕的羊腿和牛腿的份上，请答应我，用你的神力惩罚达纳人，不让我的眼泪白流。"阿波罗满足了克律塞斯的请求，将瘟疫送入了亚该亚人的营地。最后，阿伽门农不得不投降，并将克律塞伊斯交给了他的父亲。

可以说，阿波罗既是送来老鼠的人，也是驱赶老鼠的人。他象征健康，也象征死亡，他能赐予生命，也能剥夺生命。对于他用老鼠送去瘟疫进行报复和惩罚的故事，其他地中海民族也许并不完全陌生。根据希伯来圣经中《撒母耳记》第一卷的记载，为了结束巴勒斯坦的流行病，非利士人为神献上了"五只金疖子和五只金老鼠"。

历史学家希罗多德也曾记录了一个关于老鼠的轶事，尽管其中有很多漏洞。故事说到，有一天，亚述国王辛那赫里布向埃及宣战。法老得知后大惊失色，束手无策，只好躲进了普塔[1]神庙。他对自己和埃及人民的境况忧心忡忡，在沮丧中睡了过去。但在梦中，普塔前来拜访法老，并预言了战果，让他大受鼓舞。果然，当天晚上，庞大的亚述军队遭到了同样庞大的老鼠军队的攻击，所有的装备都被啃食一空。就这样，埃及人取得了战争的胜利。

埃里亚努斯在一个神话故事中写道，在特洛阿德遭到老鼠入侵后，德尔斐神谕建议当地居民祭祀阿波罗以祈求丰收。在另一个传说中，祭司克里尼惹怒了阿波罗，后者为报复带来了瘟疫。为了平息神的愤怒，让这片土地重回繁荣，克律塞斯代表农民出面交涉。阿波罗同意了，但作为回报，当地要为他建立一座神庙。

然而，关于瘟疫最著名的事件，发生于伯罗奔尼撒战争期间。历史学家修昔底德在《伯罗奔尼撒战争史》第二卷中，记载了公元前 430 年的阿提卡瘟疫。修昔底德对实际情况进行了清晰而理性的分析，将瘟疫归咎于外部和现实因素，而非阿波罗。修昔底德指出，当时城中人口密集，城墙下也挤满了人，环境十分有利于疫情传播。他说，没有人能够阻止这种疾病的蔓延："这场瘟疫的严重程度和死亡人数前所未有。医生应付不了瘟疫，反而由于不了解疾病的传染性，在救治患者的过程中最先受感染死去。任何其他努力

---

[1]　古埃及孟菲斯城的主神，世界、人类和神祇的创造者。——译者注

也都是徒劳的，包括在圣殿中祈祷，求助于神谕，等等。最后，人们丧失希望，放弃抵抗。"没有迹象表明瘟疫是神带来的，一场寻找"零号病人"的运动兴起了——这场罕见瘟疫的严重性，甚至让当地人觉得这是斯巴达人的阴谋。历史学家在研究过程中，尽可能准确地描述了症状，但还是将重点放在了瘟疫给雅典社会带来的影响上。各种努力徒劳无功，社会弥漫着沮丧的氛围，人们陷入绝望之中。对疫情的恐惧，让许多人抛弃了染病的亲人，许多病人孤独地死去。公民生活秩序被打破和遗忘，丧事不再有序进行，尸体堆积在圣殿里，人们对人和神的尊敬都消失了："由于没有多余的房间，病人只能住在不透气的破屋里。在一片混乱之中，人们接二连三地死去，尸体越摆越高，人们看到垂死的病人在街上打滚，努力爬向喷泉边找一口水喝，安置病人的神殿也变成了墓地。在来势汹汹的瘟疫面前，人们不知道会发生什么，对人和神都变得十分冷漠。先前的所有丧葬习俗都被打破，尸体只能被草草处理。"

除了荷马的《伊利亚特》，索福克勒斯在《俄狄浦斯王》中也讲述了一场瘟疫。在这部悲剧的开篇，市民向国王求助，以阻止瘟疫的蔓延。根据史料，几年前，一场瘟疫作为杀死莱瑶斯[1]的惩罚降临忒拜，作者正是从该事件中汲取了灵感。

---

[1] 希腊神话中的底比斯国王，被其子俄狄浦斯所杀。——译者注

图24　瘟疫被驱散，威尼斯安康圣母教堂圣坛局部细节，巴尔达萨雷·隆盖纳

　　从古希腊到古罗马，卢克莱修在《物性论》中也记录了雅典的瘟疫。他翻译了修昔底德的希腊语文章，并描述了疫情的症状和发展过程，说明了瘟疫应归咎于自然因素。从那时起，人们逐渐破除了神话迷信，不再将灾难与神的惩罚联系在一起。

　　继卢克莱修之后，维吉尔在他的《农事诗》中介绍了发生在阿尔卑斯山东部诺里库姆的瘟疫。这场瘟疫的受害者主要是动物，维吉尔对此表示非常难过和同情。瘟疫造成了极其严重的后果，使人性堕落到近乎原始的状态。

此外，奥维德、阿米阿努斯·马尔切利努斯和曼佐尼也都曾描写过瘟疫，即使是童话故事里，也总少不了老鼠和疾病。例如，在格林兄弟版的《魔笛手》故事中，魔笛手仅用笛声就把老鼠赶出了哈梅林镇，满足了镇长的要求。然而，当地居民拒绝向他支付报酬，于是魔笛手决定用笛声引诱当地的孩子，并像带走老鼠一样带走了他们。据说，魔笛手的故事与当时发生在德国的瘟疫有关，老鼠再次被认定为罪魁祸首。不幸的是，这场疫情的第一批受害者是儿童，为了保护其他人，生病的孩子被带出城等死。还有人说，孩子们跟着笛声跳起的舞，比如圣维特舞，其实是瘟疫的隐喻，而魔笛手寓意着死亡。

在爱伦·坡的小说《陷阱与钟摆》和洛夫克拉夫特的《墙中之鼠》中，老鼠带来的威胁不只有瘟疫，还有痛苦。

讲完令人闻风色变的鼠疫，我们现在来看看老鼠可爱的一面。在《伊索寓言》中，有许多"好"老鼠；在迪士尼的世界里，米老鼠更是官方吉祥物；华纳兄弟创造了"全墨西哥最快的老鼠"，也就是经常与宿敌西尔维斯特猫争斗的飞毛腿冈萨雷斯。谈到猫和老鼠的故事，我们一定还会想到威廉·汉纳和约瑟夫·巴伯拉创造的经典搭档——永不过时的汤姆和杰瑞。

美国电影中有许多老鼠的身影，从斯皮尔伯格的《美国鼠谭》到皮克斯最近的《料理鼠王》，还有《捕鼠记》和《精灵鼠小弟》

等。而意大利也有两只家喻户晓的明星老鼠，分别是动画片里的吉乔鼠和童书中的杰罗尼莫·斯蒂顿，后者是作家伊丽莎白·达米的绘本的主角，故事发生在老鼠岛的首都托帕齐亚市。

在新冠疫情席卷全球的时代，这些书和动画片中的小老鼠发挥了重要作用，让我们和孩子们获得了心灵上的抚慰。

13

战马传奇

　　"安纳托利亚"（Anatolia）源于希腊语"anatolé"，意为"太阳升起的地方"。这座半岛西临爱琴海，北临黑海，南临地中海，正是今天土耳其所在的位置。这里山地众多，高原耸立，地中海的海浪拍击着峭壁，涌向小亚历山大城的海湾。

关于小亚历山大城，也许最令人印象深刻的，就是它曾经出现在电影《夺宝奇兵3之圣战骑兵》中。这部斯皮尔伯格导演的作品于1989年上映，是家喻户晓的《夺宝奇兵》系列第3部。在影片中，圣杯就藏在小亚历山大城新月峡谷的神庙里，但实际上这座神庙位于约旦的佩特拉古城。不过，小亚历山大城之所以名声在外，不仅因为它是中世纪通往耶路撒冷的必经城市，还因它靠近伊苏斯镇，即公元前333年"马其顿—波斯战争"的战场。

　　波斯皇帝大流士三世在得知马其顿大军临近后决定出其不意，先向东北方向进军，再折向西方。但事实证明，在狭小的战场上，波斯的12万大军对战马其顿的3万士兵并没有太大优势。亚历山大大帝率领由重骑兵和两个方阵组成的右翼先锋部队，击溃了波斯大军的左翼和中央队伍，之后又从侧面和背部进攻由希腊雇佣兵和骑兵组成的波斯军队右翼。由于两面受敌，希腊雇佣兵很快撤退，大流士三世也逃跑了。消息传开后，波斯骑兵随即乱作一团，马其顿毫无悬念地取得了胜利。

图 25 亚历山大马赛克，那不勒斯国家考古博物馆

公元前 333 年的这场战役正是著名的镶嵌画"亚历山大马赛克"（又称作"伊苏斯战役马赛克"）所描绘的主题，在 1831 年的考古发掘中，该壁画在庞贝农牧神之家中被发现。画面左侧是对亚历山大大帝形象最真实的刻画之一，他骑着宝马布西发拉斯，身穿印有美杜莎的盔甲率军作战；画面右侧是惊恐失措的大流士三世，他的弟弟欧克西亚提斯为了救他，被亚历山大大帝用长矛刺死了。

最令人叹为观止的，是这幅作品运用的蠕虫状工艺——一种奇特而精湛的马赛克工艺。画面由尺寸极小的彩色镶嵌块拼接而成，最小的不足 5 毫米，且形状各异，以便能更好地塑造形象。拼接在一起后，镶嵌块呈曲线形，构成各种复杂的线条。此外，镶嵌块之间缝隙极小，中间黏合的灰泥也上了颜色。整幅作品十分精美，具有极高的艺术价值。镶嵌画的透视效果同样让人印象深刻，例如画面中央那匹背对观众的战马。相互碰撞的长矛和兵器，拥挤的士兵和战马，共同营造出了战场上的喧嚣和纷乱。倒下的战马和前景中痛苦注视自己的波斯士兵，呈现出了画面的戏剧性和壁画的精细。并且，这幅作品仅用白色、黑色、红色、一些赭色和棕色就实现了上述效果。

有人认为这幅壁画是一件复制品，公元前 100 年前后由农牧神之家主人的先辈委托制作，原作是来自希腊埃雷特里亚的费罗萨努斯公元前 4 世纪为马其顿国王卡山德绘制的。还有人认为它是希腊化时代原创的镶嵌画作品，从希腊窃得，并运到了庞贝。1843 年，这幅作品从原来的墙体上被剥离下来，转移到了那不勒斯，至今仍藏于那不勒斯国家考古博物馆。虽然作品有部分缺失，但我们仍能感受到宏大的气势，并能轻易辨识其中的主要人物。

画中，亚历山大大帝骑着传奇宝马布西发拉斯取得了战争胜利。在亚历山大 12 岁时，科林斯的德马拉图斯将布西发拉斯赠予了他的父亲腓力二世。这匹马是德马拉图斯花 13 塔兰，从一个色萨利饲养员那里买下的，花费相当于一匹好马的四倍。不过，这匹马很难驯服，腓力二世甚至想要将其送还。这时，年轻的亚历山大试图驯服它，就牵着缰绳转向太阳。他精通马的习性，知道布西发拉斯害怕自己的影子。驯服后的宝马成了他的坐骑，并在此后20年陪他征战无数。亚历山大大帝还教会它按照波斯礼仪下跪。

亚历山大大帝与布西发拉斯情谊深厚，以至于当他在乌克西部落里丢了马时，年轻的马其顿国王威胁说，如果不立即把马还给他，就把所有人都处死。

据说，之所以亚历山大大帝给他的宝马起名为布西发拉斯[1]，可能是因为马的黑鼻子上有一个形似牛头的白色印记，也有人说是因为马身上的一个特殊标记。

布西发拉斯生前完成的最后一项任务是横渡杰赫勒姆河。此后，亚历山大大帝与旁遮普邦的罗阇波鲁斯交战，后者率领了一支由4万大军和200头战象组成的强大军队。布西发拉斯在此役中身负重伤，不幸战死。为了纪念自己的爱马，亚历山大大帝建造了布西发拉斯城，并将爱马埋在了距离杰赫勒姆河渡河处不远的地方。在歌颂亚历山大大帝丰功伟绩的艺术作品中，布西发拉斯成为极其重要的元素，那不勒斯国家考古博物馆中的青铜雕像和上面提到的著名镶嵌画就是证明，这两件文物的原作都创作于马其顿宫廷。

---

[1] 意为"牛头"——译者注

图26　布西发拉斯，亚历山大马赛克局部，那不勒斯国家考古博物馆

　　虽然布西发拉斯城已不复存在，但战马的名声却永远流传下来，亚历山大大帝之后的历朝历代，从塞琉古帝国，到托勒密王朝统治下的埃及，头上带角的战马形象反复出现在硬币和浮雕上。虽然传说中的战马真的有角，但后来的文献显示，战场上布西发拉斯会佩戴金制的角，对于一匹名为"牛头"的马而言，这是再合适不过的装饰了。凯撒大帝也有一幅骑在战马身上的画像，甚至在马可·波罗时代，帕米尔高原到阿姆河一带的君主，也都声称自己的马是布西发拉斯的后代，生来就有角。回到当今，布西发拉斯也为著名的《北斗神拳》系列中拳王雷奥的战马和锡耶纳著名的赛马节提供了灵感。历史上著名的战马多如繁星，是影视作品中的常客。对于一些上年纪的人来说，美国版的人马情深当数《宝马神童》中的乔伊和菲里亚。

在荣光之中，布西发拉斯飞驰的身影将永远存在，也许连神话中长着翅膀的飞马也无法与其相提并论。

14　从浪花中诞生

现在，让我们向安纳托利亚的相反方向航行，来到地中海的明珠和现代文明的摇篮——塞浦路斯（Cipro）。

关于"塞浦路斯"名字的来源，并没有确切说法。有人说它来自希腊语中的"柏树"（kyparissos），也有人说它指的是散沫花，还有人因岛上铜矿丰富而推测它源自苏美尔语中的"铜"。关于这座岛的神话，赫西俄德曾写道：萨图尔努斯为报复母亲该亚的虐待，割下了父亲乌拉诺斯的生殖器并丢进海里。乌拉诺斯的精子和塞浦路斯岛的海水结合，诞生了象征爱与性的美神维纳斯，她也被称为"Cipria"，意为塞浦路斯女神。

维纳斯的魅力激发了全世界艺术家的灵感，无论是画家，还是雕刻家。公元前 2 世纪古罗马时期的大理石雕像《美臀维纳斯》，是献给维纳斯最杰出的艺术品之一。该作品是约一个世纪前一座古希腊青铜雕像的复制品，当时很可能位于锡拉库萨的阿佛洛狄忒神庙内。

为了追溯这件作品经历的时空之旅，有必要先回到 1594 年。这一年，《美臀维纳斯》在庞贝的金宫附近被发现。法尔内塞家族将其买下后进行修复，之后放在了法尔内塞宫中。200 年后，也就是 1786 年，波旁王朝的斐迪南四世从其父亲那里继承了雕像，并委托卡洛·阿尔巴西尼对雕像进行进一步修复，雕像的头、胳膊和腿都被复原了。1792 年，该雕像出现在卡波迪蒙特王宫中。十年后，它来到了那不勒斯国家考古博物馆。

图 27　美臀维纳斯，那不勒斯国家考古博物馆

形容词"美臀"（callipigia）由希腊语"臀部"（pygē）和"美丽"（kalós）两个单词组合而成，字面意思是"拥有美丽臀部的维纳斯"。维纳斯抬手掀起遮住腰臀的衣摆，仿佛在邀请我们欣赏她的裸体。并且因为该举动是她自己做出的，所以给观众一种可以光明正大围观的感觉，这正是创作者想要传递的信息之一。

这在当时可以说是一件极其大胆的作品，与传统表现形式中神圣且严肃的女神形象截然不同。例如，雕像《拯救人类的阿佛洛狄忒》塑造的维纳斯神情庄重，身上的斗篷让她看起来不容侵犯。这一青铜雕像出自公元前 460 年前后希腊雕刻家卡拉米斯之手，那不勒斯国家考古博物馆如今有一件公元 2 世纪古罗马时期的大理石复制品，来自巴亚浴场。又比如，在"端庄的维纳斯"这种雕塑类型中，维纳斯通常用手臂遮住乳房和私密部位，与《美臀维纳斯》的创作理念正好相反。

第一个"脱下"维纳斯衣服的是雅典雕刻家普拉克西特列斯。他在《尼多斯的阿佛洛狄忒》中，展现了维纳斯的臀部和腿部的优美曲线：女神婀娜地轻倚着细颈瓶，用胳膊和手挡住私密部位。以此作品为原型，诞生了雕像《卡比托利欧的维纳斯》，1670 年前后，人们在罗马发现了一件公元 2 世纪的复制品；还有自 1688 年以来，藏于乌菲齐美术馆的《美第奇的维纳斯》。顺着这一条脉络，后来又出现了《穿比基尼的维纳斯》，塑造了正脱去凉鞋的美神，在她脚下，一个小爱神用右手触摸着鞋底。该雕塑的复制品现藏于那不勒斯国家考古博物馆。

此外，还有《胜利女神维纳斯》，半裸的女神手中拿着一个象征胜利的苹果，她的姿态让人想起"金苹果事件"：在珀琉斯和忒提斯的婚宴上，厄里斯把刻着"献给最美丽的人"的苹果放在桌上，引起了维纳斯、雅典娜和赫拉之间的争执，并最终引发了特洛伊战争。

以"胜利"为主题的维纳斯雕像数不胜数。在这一类作品中，女神的下半身被遮住，产生了明暗对照的效果，著名的《米洛的维纳斯》就是一个例子。这座雕像是公元前 2 世纪希腊化时代的作品，极致地展现了女性之美，现藏于卢浮宫。《米洛的维纳斯》还出现在众多文学和艺术作品中。例如，在贝尔托卢奇的电影《戏梦巴黎》中，女演员伊娃·格林冲进房间时，用床单遮住了下半身，由于她戴着黑色手套，在黑暗的房间中给人一种没有手臂的错觉。

另一件被复制了无数次的作品是《维纳斯蹲像》，该雕像突出了维纳斯的柔美，女神一边沐浴，一边向后看去。那不勒斯国家考古博物馆里收藏的《维纳斯蹲像》，是公元 1 世纪古罗马时代大理石雕像的复制品，与希腊艺术家多伊达尔萨的原作相比，少了帮助维纳斯沐浴的丘比特。最后，还有《海中诞生的维纳斯》，这一类型的雕像塑造了全身赤裸的维纳斯拧出秀发中海水的瞬间。

图 28　维纳斯的诞生，波提切利，　ⓒ Mondadori Portfolio

由意大利文化遗产、活动和旅游部授权

　　谈到维纳斯，就不得不提波提切利和他的《维纳斯的诞生》。从标题来看，人们会以为作品描绘的是女神诞生的场景，但事实并非如此，作品记录的其实是女神即将登上塞浦路斯岛的时刻。

　　赤裸的维纳斯光彩夺目，几乎是"飘"在海面上，乘着贝壳轻盈地驶向岸边，海浪和仄费罗斯的丰饶之风推着她前行。抱着仄费罗斯的可能是仙女克洛里斯，或微风女神奥拉，而掌管四季之一的春之女神则站在岸边，给维纳斯披上饰有花朵的瑰色披风。维纳斯的姿态很容易让人联想到"端庄的维纳斯"，美第奇家族就拥有一座这一类型的雕像。维纳斯的面部似乎以西莫内塔·韦斯普奇为原型，这位贵妇人美得清新脱俗，无与伦比，受到所有佛罗伦萨艺术家的赞扬。根据学者们的说法，画中的背景可能是位于拉斯佩齐亚的诗人港湾，波提切利就是在那里遇到了他的缪斯。

最近，西班牙摄影师何塞·曼努埃尔·巴列斯特尔对一些艺术名作做了"去人性化"处理，即删去其中的人物。《维纳斯的诞生》也位列其中。经处理后，作品只剩下画面中央的贝壳，给观众带来了强烈的冲击。

当下，疫情仍在蔓延，环保成为紧迫任务，巴列斯特尔的实验给我们敲响了警钟：如果我们再不采取行动保护神圣的大海，也就是美神从泡沫中诞生的地方，那美神可能将不复存在。

根据世界自然基金会的数据，每年约有 57 万吨塑料进入地中海，严重危害海洋生态。污染问题常被低估，但却是真实存在的，如果不加以补救将产生灾难性后果，无论是对环境和动物，还是对人类自己。塑料是现在消耗最多的材料，成为多种海龟、海洋哺乳动物和鱼类的食物，最终也不可避免地被端上了我们的餐桌。

因此，借助展览和社会活动，让下一代意识到问题所在，进而做出改变，践行环保理念，这是所有人的责任，也是古代艺术博物馆的责任。

维纳斯的贝壳不能空空如也，女神的光彩应当继续闪耀。

沙漠新娘　15

　　巴尔米拉，今天又被称为泰德穆尔，是叙利亚最重要的城市之一。过去，人们想要到访此地，必须沿着沙漠商队的路线，忍受烈日的炙烤。这座城市位于安条克和巴比伦之间，对旅行者和商人而言，它是丝绸之路上的重要枢纽，也是印度洋和地中海之间最短路线上的必经之地。

这座城市的希腊语名称"巴尔米拉"（Palmira）意为"棕榈树"（Palma），城市附近有大量当地特有的沙漠棕榈；其阿拉米语名称"泰德穆尔"首次出现在一些亚述文献和圣经中，《历代志》下卷提到，所罗门建立了这座城市，并在此设立了防御工事。直到公元前 1 世纪塞琉古王朝统治时期（公元前 4 世纪至前 1 世纪），这座城市才有了希腊语名称。

　　在波斯皇帝阿尔达希尔一世建立萨珊王朝后，巴尔米拉的经济在公元 230 年前后遭遇了第一次重击。巴尔米拉的邦君、塞普蒂米乌斯家族的后裔——奥登纳图斯试图讨好波斯皇帝阿尔达希尔一世和沙普尔一世，并向后者赠送了大量礼物。但很快他就意识到，应该与古罗马人联合起来对抗波斯帝国。于是，这个原本中立自治的城市变成了一个军事要地。

图 29　巴尔米拉女性头部浮雕，那不勒斯国家考古博物馆

　　这个决定让巴尔米拉在极短时间内走向灭亡。公元 260 年，奥登纳图斯在洗劫安条克后追击波斯军队，并在幼发拉底河取得了胜利。此役之后，他赢得了罗马帝国皇帝加里努斯的尊重与认可，被封为"罗马人的领袖"和"万王之王"，公然挑战波斯皇帝沙普尔一世。他建立了一个独立的帝国——巴尔米拉王国。然而，由于一场可能由他的第二任妻子芝诺比阿策划的阴谋，这个王国并未持续多久。芝诺比阿以小儿子瓦巴拉图斯的名义夺取了权力，她先是宣布自己为王后，后又自称为"罗马女皇"。当奥勒利安向她宣战时，她的臣民并没有站出来支持她。于是，女皇倒台，城市也一起沦陷。公元 273 年，巴尔米拉遭受了最后一次洗劫，在此期间，城墙也被推倒。

虽然人们多次尝试重新开发和修复巴尔米拉，但直到三个世纪前，这片绿洲遗址才逐渐激起考古学家的兴趣。随着文物出土，这种热情也达到高潮。然而，2015年，战争爆发，考古工作被迫中断。战争以供奉迦南神巴力夏曼的神庙被炸毁为借口。这座神庙以迦南神的名字命名，可追溯至公元前2世纪，公元5世纪变成了一座教堂。极端组织"伊斯兰国"的武装分子被认为是这场爆炸的罪魁祸首，他们此前曾威胁要摧毁多神教的遗迹。联合国教科文组织认定炸毁神庙的行为是战争罪，但这不足以阻止他们采取进一步行动。一周之后，供奉美索不达米亚主神贝尔的神庙同样被炸毁。

于是，一场收复巴尔米拉的战役随之打响。同年11月，叙利亚军队得到俄罗斯空军和其他国家陆军的支援，战事达到高潮。直到2016年3月初，战事才进入收尾阶段。当时，6000多名战士从三面包围巴尔米拉，最终在24日占领了城市，挽救了古罗马剧院、城墙和广场等遗址，但凯旋门和阿拉特神庙遗址的狮子雕像都已被毁。阿拉特神庙供奉着前伊斯兰教女神阿拉特，公元378—386年间被基督教徒毁坏。阿拉特狮子雕像于1977年出土，这头狮子一边咆哮，一边保护着一只羚羊，它的爪子上刻有一句让今天的人苦笑的铭文："阿拉特将保佑那些不在神庙流血的人。"

通过观察这块珍贵的女性头像浮雕，可以感受到巴尔米拉几个世纪以来所遭受的不公待遇。该浮雕可追溯至公元 2 世纪末至 3 世纪前半叶，可能出自一个地下宫殿式或塔式陵墓。浮雕上的人物极有可能就是死者本人，在女人面部的右侧，人们可以隐约看见一句巴尔米拉的古阿拉米语铭文，这种语言现在几乎已经消失了。

这件文物所经历的旅程与我们之前看到的所有文物都不一样。19 世纪中期，葡萄牙驻阿勒颇的皇家领事安德烈亚·马尔科波利，将它送给了考古学家路易吉·皮戈里尼。直到 1879 年，它才被那不勒斯博物馆收购，之后一直展出在埃及展厅内。

巴尔米拉女性乐于展示她们精美的吊坠、胸针和珠宝，如果用一个词来形容这些华美的饰品，那就是"优雅"。鉴于巴尔米拉是一个文化熔炉，当地居民的衣服上甚至可以找到古希腊和东方文化的影子，那我们应该还会想到另一个词——"试验"。这块精美的石板向我们展示了一张女性面孔，她戴着耳环，发髻上包裹头巾，上面束有精致的发带。石板最初很可能是彩色的，而且更加完整，当时人们能够欣赏到这位女性身上的服饰，即当时常见的古希腊式长袍。

图 30　巴尔米拉被毁，　Ⓒ akg-images／Mondadori Portfolio

　　在巴尔米拉文物惨遭破坏之时，有一个人使数百件艺术品免遭"伊斯兰国"恐怖分子的暴行，他就是叙利亚考古学家、作家、翻译家，也是巴尔米拉文物和博物馆总局的前局长——哈立德·阿萨德，他为巴尔米拉奉献了50年的生命。正是得益于他的工作，该遗址才得以在1980年被列入联合国世界遗产名录。

　　2015年，82岁的哈立德被俘。"伊斯兰国"武装分子为了得到古罗马文物以换取战争资助，对其进行了四星期之久的严刑拷打，逼其说出文物的下落。2015年8月18日，哈立德在巴尔米拉新城博物馆前的广场上被斩首示众。他的尸体被绑在柱子上，上面还挂着牌子，写着他的姓名、罪名"叛教者和什叶派拥护者"和五条罪状。

遗憾的是，随着时间推移，局面并未好转。一方面，美国和沙特阿拉伯结成联盟，支持叙利亚的温和派，而非巴沙尔·阿萨德政府；另一方面，俄罗斯利用阿萨德政府被削弱的机会介入叙利亚政治，并试图充当叙利亚世俗派的卫士，反对宗教激进主义。

在贸易方面，伊朗和沙特阿拉伯扮演了重要角色，两国为控制中东已经斗争了近30年。一方面，伊朗支持阿萨德政府，并主张与黎巴嫩真主党和伊拉克什叶派政府共同建立什叶派新月集团，因此伊朗需要叙利亚作为基地，以支持黎嫩盟军对抗以色列；另一方面，沙特阿拉伯是中东逊尼派中的大国，也是许多宗教激进团体的聚集地。

在6000多名战士收复巴尔米拉之后，俄罗斯军队通过渗透性军事援助，进一步加强了对当地的介入。例如，俄罗斯派出军事工程师开展排雷工作，在城市遗址区插上了俄罗斯国旗。2016年4月21日，俄罗斯完成了对巴尔米拉新城和考古遗址区的扫雷工作，清除了大量地雷和简易爆炸装置。同年5月5日，在遗址的古罗马剧场内，俄罗斯举办了《为巴尔米拉祈祷——音乐让古老的城墙重获新生》音乐会，由圣彼得堡马林斯基剧院交响乐团演奏，普京总统在演出前发表了视频讲话。

类似的事件让我们反思，某种"神的惩罚"似乎周期性地出现在一些地方，而屡遭破坏的古代遗迹就是最明显的证据。

16

寻找欧罗巴

传统上的欧亚交界线与发西斯河（Fasi）走向相同，沿河顺流而下，便可到达格鲁吉亚。"发西斯"这一名称首次出现在赫西俄德的《神谱》中，之后也出现在阿波罗尼奥斯和维吉尔的作品中。很长时间以来，这个地方被视为可通航海域的东界和通往东方的门户。苏格拉底认为它是"海格力斯之柱以内已知世界的边缘"。发西斯河今天被称作里奥尼河，它起源于高加索西南部山脉，流经古萨梅格列罗（Mingrelia）西部后穿过科尔基斯平原，最后注入黑海，形成三角洲。从"发西斯"派生出一种鸟类的名称"fagiano"（雉鸡）[1]，据说这种如今为大家熟知的禽类，正是在这片区域首次发现的。

关于"欧罗巴被劫"的神话传说，古希腊的荷马、赫西俄德和古罗马的奥维德都提供了可靠的记载。从这些作品中，我们得知，欧洲和亚洲在公元前 8 世纪经历了文化融合。这是一个关于压迫和欺骗的故事，也是一个关于重生的故事。这个神话最广为流传的版本来源于古罗马文学，故事中的欧罗巴是阿格诺的女儿[2]，来自推罗的腓尼基公主。宙斯被她的美貌吸引，疯狂地爱上了她。他伪装成一头美丽的白色公牛混入牛群，来到欧罗巴面前后躺在她

---

[1] 来自希腊语"fasianòs"，意为"来自发西斯的鸟"。
[2] 在荷马史诗中她是阿格诺的孙女。

的脚下，展现出与体格不相符的温顺。欧罗巴被白色公牛的野性美震撼了，她没有意识到这是一场骗局。在欧罗巴骑上牛背后，宙斯开始一路狂奔，将其掳走。他们一起渡过了大海，从克里特岛上岸，来到了克诺索斯宫殿。

图 31　骑在公牛背上的欧罗巴，壁画，那不勒斯国家考古博物馆

　　欧罗巴和宙斯育有三个儿子，分别是克里特岛未来的国王弥诺斯、冥界的判官拉达曼迪斯和吕西亚的统治者萨尔珀冬。他们在出生后被欧罗巴的凡间丈夫，即克里特岛的国王阿斯忒里翁收养。宙斯掳走欧罗巴后，她的父亲并未就此屈服，而是派几个儿子前去寻找，决心要带公主回家。欧罗巴的兄弟们出发去了不同地方，最后都各自建立了新的文明。在花费大量时间寻找欧罗巴后，费尼克斯和塞利克斯在陌生的土地扎根，建立了腓尼基王朝和奇里乞亚王朝；在另一个神话中，三弟卡德摩斯在接到父亲指示后立即动身，带着几个同伴和士兵出发寻找公主。他们一起穿过利比亚的沙漠，最终到达罗德岛。卡德摩斯在路上逢人就打听欧罗巴的情况，但似乎没人知道她的下落。在罗德岛徒劳地搜寻几周后，卡德摩斯和他的同伴十分沮丧。就在这时，卡德摩斯灵光一闪，想到了无所不知的德尔斐神谕。他向女祭司求助，但女祭司却让卡德摩斯停止寻找，因为神谕为他指明了另外的道路，他应当了解并接受自己的命运。根据神谕，卡德摩斯会跟着一头牧牛去陌生的地方建立一座新的城市。卡德摩斯听从了神谕，当他和同伴到达当时还是一座鬼城的忒拜后，卡德摩斯突然听到惨叫声。原来，是一条巨龙正在攻击士兵。卡德摩斯鼓足勇气，与巨龙开展较量，并取得了胜利，然而他的士兵都已经牺牲了。他独自一人，不知如何是好。这时，雅典娜的声音响起，她让卡德摩斯把龙的牙齿种在地里，这样新的士兵就会从土中长出来，帮助他建立忒拜。你是不是想起了什么？没错，伊阿宋为了夺回金羊毛，也不得不种下龙牙。这个故事和卡德摩斯的故事的相同之处在于，伊阿宋种下的龙牙也立即变成了士兵，但不同的是，这些士兵是反过来对付伊阿宋的。

根据另一个版本的神话，在与欧罗巴一起到达克里特岛后，宙斯坦白了自己的真实身份。他想霸王硬上弓，但没有成功。于是，宙斯变成了一只鹰，只有这样，他才能制服欧罗巴。但无论故事如何结尾，有一点是相同的，那就是欧罗巴成为了克里特岛的第一任女王。在阿斯忒里翁死后，他的养子弥诺斯接替了王位，建立了弥诺斯文明。为了纪念欧罗巴，古希腊人用她的名字命名了弥诺斯王国以北的区域。

1878 年，在庞贝伊阿宋之家的宴会厅中，发现了一幅可追溯至公元 20—25 年的庞贝第三风格壁画，画中描绘的正是宙斯掳走欧罗巴的场景。但壁画显然是基于神话故事的再创作，因为画中的宙斯是在陆地上驮着欧罗巴，而不是在海上。该壁画整体氛围庄重而平静，光滑的圆柱和栎树为其增添了神圣元素，看起来像是遵照公元前 4 世纪末的一种希腊模板进行创作的。

"欧罗巴被劫"是艺术创作常见的主题。例如，塞利农特赫拉神庙的排档间饰就再现了欧罗巴骑在宙斯背上的画面。该雕刻作品可追溯至公元前 7 世纪，现藏于巴勒莫萨利纳斯考古博物馆。在其他一些艺术作品中,欧罗巴则是自愿被宙斯带走的,最著名的场景就是欧罗巴亲吻公牛,一幅公元前 1 世纪的庞贝绘画呈现了这一主题。在古罗马时期,这个神话开始有了情色意味。

这个神话最初很可能源于东西方民族迁移。时至今日,重读欧罗巴的故事,我们也许仍能将过去和现在的移民现象联系起来。虽然这听起来有点奇怪,但人类的历史,就是一部移民史。

埃斯库罗斯创作的悲剧《乞援人》对我们的讨论颇有帮助。在这部作品中,来自埃及的女孩因强制性婚姻逃到阿耳戈斯,请求国王庇护。但对阿耳戈斯人民而言,一旦接纳和保护她们,战争就在所难免。

埃及坚决要将这些女孩带回去,这让国王珀拉斯戈斯陷入两难境地:他应该收留这些女孩,但也要保护自己的人民。这个故事让我们反思,难民究竟意味着什么。虽然这部悲剧写于 2500 年前,但现在仍然具有巨大的现实意义。

现在,让我们说点和神话无关的事情。如果说欧罗巴指地中海以北的地区,那它也应当包含阿耳戈斯。许多人认为,"欧罗巴"(Europa)一词并非来源于希腊语,而是来源于闪米特语"ereb",腓尼基人用这个词指代叙利亚以西的地区,以及广泛意义上的西方。

值得注意的是,历史上许多地理学家曾就欧亚边界问题展开讨论。从研究的地理框架内部来看，欧亚北界是阿玛宗人和斯基泰人等民族的领地；东界从卡里亚人、吕西亚人、弗里吉亚人等民族组成的波斯帝国，延伸到伊朗人和印度人的领地；欧亚南界涉及比古希腊更古老且彼此不同的民族，例如腓尼基人、犹太人、阿拉伯人，在北非则有埃及人、迦太基人和努米底亚人。

从地理上讲，欧罗巴指地中海以北的区域，但北部边界并未明确。根据地理学家赫卡塔埃乌斯（公元前550—前476年前后）绘制的地图，地球以地中海为中心，分为两个大陆，即欧罗巴和亚细亚，后者包括埃及和利比亚。

"欧罗巴"和"欧罗巴人"两个术语，最早出现在公元6世纪末圣高隆邦写给教皇格列高利一世的一封信里。圣高隆邦是一名天主教爱尔兰传教士，因建立许多教堂和修道院而著名。卢西塔尼亚修道士伊西多罗用"欧罗巴人"指代查理·马特领导下在普瓦捷抗击伊斯兰入侵者的士兵，也就是说他用"欧罗巴"来区分东西方。但直到查理大帝，"欧罗巴"才开始有了明确的政治含义。这位年轻的法兰克国王建立了一个覆盖西欧大部分土地的帝国，使拉丁语成为官方书面语，并统一了货币和宗教。

图32 伊斯坦布尔圣索菲亚大教堂，ⓒ Mondadori Portfolio/Zuma Press

大洲之间的地理分界线有时是海洋，例如美洲和亚洲就被大洋隔开。但欧洲的情况更为复杂，唯一的例外就是把欧洲和非洲隔开的地中海。欧洲与亚洲的东部边界北起北冰洋，沿乌拉尔山脉经里海的西北海岸到亚速海；南部边界（抛开非洲部分）由黑海、博斯普鲁斯海峡、马尔马拉海和狭长的达达尼尔海峡组成。有一些岛屿存在争议，例如塞浦路斯，这座岛虽然在地理位置上属于亚洲，但政治上却是欧洲的一部分。

如前所述，古代东西方以古希腊与波斯帝国为界，这主要是基于不同文明之间风俗和政治的差异。最初，古希腊人把波斯邻居赶到边界之外。罗马帝国建立后，亚美尼亚被帕提亚人视作西方，但被古罗马人视作东方。后来，天主教会与希腊东正教会分裂，巴尔干地区成为东西方的分界线。

公元 7 世纪，随着阿拉伯人的入侵，各民族开始以神圣罗马帝国和伊斯兰文化区为中心聚集。从那时起，宗教也开始成为划定边界的标准。多个世纪过去，伊斯兰教和希腊东正教仍是东方的象征。在奥斯曼土耳其人征服君士坦丁堡（今伊斯坦布尔）后，基督教世界的屏障从圣索菲亚大教堂，象征性地转移到了莫斯科。1453年，君士坦丁堡陷落。在之后的 5 个世纪里，哈布斯堡王朝和奥斯曼帝国的冲突重新划定了基督教西方与伊斯兰教东方的界限，直到1918—1920 年奥斯曼帝国分裂。1997 年，欧亚的分界线最终因政治原因得到确认：欧盟以侵犯基本人权等理由（例如拒绝废除死刑），拒绝了土耳其加入欧盟的申请。

当代边界的划分不仅基于政治和经济利益，同样基于军事利益。事实上，如果我们从欧亚分界线再往前走一点，就会意识到，今天的边界正是由各种冲突建立起来的：北方有与库尔德人的冲突，南方有以色列与巴勒斯坦、叙利亚、伊朗和伊拉克之间的冲突。很显然，这些边界与地理没有任何关系。尽管如此，历史告诉我们，洲与洲之间、国与国之间的边界的确立是建立在，或说应当建立在不同民族的文化传统上，而不是"先来后到"的原则上。例如，在以色列所在的这片土地上，第一批居民是迦南人，紧接着是海上民族非利士人，之后是各犹太部落和亚述、巴比伦、波斯、马其顿和罗马等政权，再到后来是阿拉伯人，直到1948年犹太人占领此地——"先来后到"的原则就这样崩溃了。

继续翻阅历史，我们会发现"欧罗巴"一词源自东方，而这已足够引人深思。我们应该记住——虽然在这里说显得有些多余——人类的优势在于可以和平相处，乃至和谐共生。因此，我们应该珍视整个世界巨大的多样性，同时考虑到每个国家的差异性和特点，不被人为的边界所破坏。

17 从象形文字到表情符号

我们的东方之旅仍在继续,让我们从以色列来到埃及的孟菲斯(Menfi)[1]。不晚于 2800 年前,孟菲斯成为埃及古王国的首都。此后 3000 多年,这座城市一直是重要的政治和宗教中心——这里不仅是敬拜造物神普塔的圣地,也是法老加冕的地方。孟菲斯因位于上下埃及之间,被称为"两片土地的天平"。随着底比斯(今卢克索)成为埃及王国的首都,以及亚历山大港和开罗(距孟菲斯仅 30 千米)的建立,曾经的旧都不可避免地走向衰落。如今,孟菲斯是一个露天博物馆,保存了许多文化古迹,包括埃及历史上最重要的杰作——拉美西斯二世巨像和狮身人面像。

本章要介绍的文物阿蒙霍特普(Amenhotep)石碑,正是来自孟菲斯,如今藏于那不勒斯国家考古博物馆。阿蒙霍特普是这块石碑的誊写人,同时也是冥神俄塞里斯崇拜仪式的组织者。这座石碑可追溯至埃及第十九王朝前后,即塞提一世在位时期。石碑材质为石灰岩,运用了浅浮雕技术,只有人物微微凸起,描绘了阿蒙霍特普为不同人物献上贡品的场景。在画面上部,贡品献给了俄塞里斯、伊西斯和他们的儿子——隼头人身的荷鲁斯;在画面中部,

---

[1] 来自于古埃及语"Men-Nefer",古希腊语"Mémfis"。

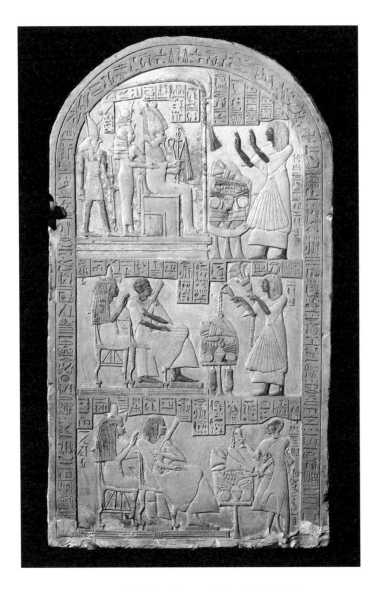

图 33 阿蒙霍特普石碑，那不勒斯国家考古博物馆

贡品献给了普塔和乌莱提亚；在画面下部，阿蒙霍特普从一个身穿豹皮衣物的光头祭司（被称为"仆人"）那里接收贡品。该石碑的主角曾出现在塞提一世在位第二年的一本记账簿中（现藏于法国国家图书馆），其中提到阿蒙霍特普生前负责将面包上交给孟菲斯宫殿的仓库。由此可知，他死后的工作与其生前的工作有着紧密联系。这与古人的一种观念相吻合，即人在阳间和阴间的生活有着某种关联。

一般而言，墓碑会被放置在墓室的不同位置，明确家人（按照特定的顺序呈现）向逝去的先人供奉祭品的义务。墓碑上最主要的人物是死者，通常位于墓碑左侧，也就是象征尊贵的一侧，其面前有一张摆满祭品的桌子。献祭者通常是死者的家人，但也有可能是同事、祭司、仆人，甚至毫不相关的人。在埃及新王国时期（公元前1580—前1085年），除上述内容外，墓碑上部还经常绘有死者祭祀冥神及其侍女的画面。当时，很少有人能负担得起一块墓碑，但有这种经济实力的人不一定是统治阶层，也可能是祭司、誊写人、手工匠人和园丁。除了祭祀画面，墓碑上必不可少的还有象形文字碑文。这些奇怪的符号原意为"神圣的雕刻记号"，记录了最古老的文字之一——古埃及语，19世纪被商博良破译出来。

历史学家和铭文学家普遍接受文字独立诞生于三地的假说，这三地分别是公元前3000年前后的美索不达米亚、公元前1200年前后的中国和公元前600年的中部美洲。然而，引发无数争议的问题出在"独立"一词上，关于埃及和美索不达米亚之间是否相互影响的问题，至今尚无定论。尽管古埃及的象形文字和美索不达米亚的楔形文字差异很大，但两种文字的语法和语用都是基于许多非常相似的概念，因此很多学者认为，文字是从美索不达米亚传入埃及的。然而，文字的出现和某种意义上的爆发式发展，有着深厚的地理文化背景，让人觉得文字不是突然诞生的，而是经历了漫长的文化演进。现在，让我们试着剖析上述文化现象，分析诞生于不同时期、不同地点、受不同经济、文化、政治条件影响的不同文字，目的是找出可能将不同民族和文字联系在一起的共同主线，从而厘清文字是如何让人类从史前史过渡到文明史的。

　　文字的发展经历了不同阶段，但无论如何，我们需要记住，第一种真正的文字诞生于公元前 4000 年末期。这一时期，一种基于苏美尔文字的"石子系统"发展起来，用于代表和计算货物。苏美尔人用一种圆柱形尖笔在柔软的陶土上写上符号和数字，虽形式原始，但十分有效。该系统使用简便，只需在陶土容器中放入与货物等同数量的石子。事实上，表示数字的符号被证实出现在其他符号和文字之前，而这很显然是出于计算的需要。有趣的是，意大利语中"计算"（calcolo）一词，正是源于拉丁语中的"小石头"（calculus）。之后，一种图画文字系统融入了"石子系统"。图画文字是最直接的文字形式之一，与之前文字不同的是，这种文字是用另一种锋利的笔写在陶土上的，用来记录被清点物品的名称。图画文字在公元前2700年前后被楔形文字取代，以满足表现语音的需要。约1000年后，楔形文字逐渐演变成表音文字，并被阿卡德语、胡里安语和赫梯语采用。

构成象形文字的符号经历了漫长的演化过程：先是从图画文字演化为记事文字，接着演化为描述客观情况（例如新闻或通知）的象形文字，再到表示概念的表意文字；之后是过渡性质的意音文字，即符号不仅表示发音，还指代事物名称。这与表音文字不同，后者只用符号表示声音，独立于其含义；最后是拼音文字，即构成单词的音节文字和语素文字。在古埃及，王国的稳定与文字密不可分，因此文字必须彰显特定的社会阶层，并且能够经受得住时间考验。然而，象形文字十分难学，随着时间流逝，掌握它的人越来越少，这种文字最终成为上层阶级的特权，只有少数幸运的人，或者说特定阶层的人可以识字。除了象形文字，当时还出现了僧侣体（神圣文字）和世俗体（平民文字）。

象形文字不止有古埃及的文字，还包括诞生于安纳托利亚西部的安纳托利亚象形文字和克里特岛象形文字，后者是在克诺索斯（弥诺陶洛斯的故乡）出土的手工艺品上发现的。

第一个真正的字母表，即由音素符号组成，可以通过无数组合来表示书面语和口语的集合，出现在公元前1800年前后的埃及。

然而，在之后的整整 1000 年里，字母表并未被纳入埃及的象形文字系统。

其实，我们自幼学习的字母表是从腓尼基字母表演化而来的。从腓尼基字母表衍生出了阿拉米字母表和古希腊字母表，从这两种字母表又衍生出了非洲和欧洲的字母表。众所周知，欧洲的西里尔字母和哥特字母源自希腊和拉丁字母，而希伯来字母、古叙利亚字母和阿拉伯字母则由阿拉米字母演变而来。古希腊人照搬了腓尼基字母表，并将一些辅音转化为了元音（腓尼基语字母表没有元音）。例如，希腊字母"alfa"其实就是腓尼基字母"aleph"，而后者可能又源自原始西奈字母，该字母用两个角代表牛，然后将图形进行了翻转。随着时间的推移，希腊字母表发展出不同的变体，比如雅典和意大利南部使用的西欧字母表和哈尔基斯字母表，还有土耳其使用的东方字母表。然而，腓尼基文字与希腊文字还有另一个根本区别，即前者的书写顺序是从右往左，而后者则是从左往右，现在所有欧洲语言都遵循后一种书写顺序。历史往往与神话相伴而生，而我们要说的，正是之前提到的"欧罗巴"的故事。这个传说不仅讲述了欧洲的诞生及其边界，还讲述了腓尼基字母表在古希腊的传播，而这主要归功于卡德摩斯——推罗公主的第三个（也是最后一个）弟弟，他去寻找姐姐欧罗巴，最后建立了忒拜。

字母表的诞生完全是出于方便商人使用的现实需求。借助不多于30个符号，人们可以表示所有可能的发音，甚至是那些从属不同语系的语言的发音。

但我们有没有想过，当一个成年人或儿童看到铭文时，会有怎样的感受？是无所谓、厌烦还是别的情绪？那些参加过铭文考试的人也许很容易就能想起一本橙白两色的书，即柏林科学院金特·克拉芬巴赫教授编著的希腊铭文教材，这本书一直是学习古希腊文化的基础参考书。

正如书中所说，一切铭文，无论以何种形式、何种技术流传下来，都是这门学科的研究对象。鉴于出土文物的广泛性，人们还意识到建立许多新的细分学科的必要性，比如钱币学、纸莎草学等。另外，铭文学与文学并行发展，在某种意义上使后者更加完整。但二者还是有一定区别，铭文的优点在于客观和直接，尽管也有少数一些"除忆诅咒"[1]（damnatio memoriae）的情况。此外，为了理解铭文，还需要语言、体例和语文学的专业知识。虽然古代手抄本几乎已找不到了，但考古挖掘总能出土新的铭文材料。

不仅埃及的象形文字难以破解，解读那不勒斯国家考古博物馆中的铭文藏品（尽管只是庞大藏品中的一部分）也是一项现实挑

---

[1] 或称为记录抹杀之刑，是一个拉丁文词语。按字面上的解释是"记忆上的惩罚"，意指从人们的记忆中抹消某些人和某些事物的存在。通常应用于叛国者或在败坏罗马帝国名声的上层人士死后，经由元老院通过决议，消除特定公众人士的功绩记录。对被加上除忆诅咒的人来说，这是一种最严重的耻辱。——译者注

战。这些铭文可追溯至公元前 6 世纪至公元 2 世纪，涉及多种不同语言，包括希腊语、奥斯克语、拉丁语、伊特鲁里亚语等，记录了坎帕尼亚乃至意大利南部的重要历史，比较有代表性的有埃拉克莱亚铭文铜板、俄耳甫斯教金属板、庞贝墙壁上的碑文，以及波佐利（Pozzuoli）刻有纳巴泰铭文的祭坛。

固定展出这些文物对博物馆而言是个相当复杂的问题，因为这要求参观者具有一定的知识储备，同时秉持严谨的态度。需要明确的是，这些文物对还原历史事件起到了重要作用，它们展现了古代的日常生活、宗教习俗，以及奠定今天法律体系基础的法律原则。这样的参观是重要的学习机会，参观者可以阅读和理解奠定今天意大利语言文字基础的古代语言文字。我们还可以借助科技，让更多人听到这些语言，同时应当教会大家书写这些符号，因为它们是今天我们所使用文字的原型。

现如今书写已从现实世界过渡到网络世界，其革命性与印刷术的发明相当，事实上人们已经在谈论第四次科技革命。重视铭文可以帮助我们不脱离自己的根基。现在几乎所有东西都可以是"智能的"，我们生活在一个信息不断简化的时代。一方面，这种简化有明显的好处；另一方面，我们失去的信息可能远多于我们保留的。的确，在我们生活的世界，人们不再通过严谨的写作或高雅的文学进行表达，而是借助图片和表情符号。可想而知，延续数千年的沟通系统可能出现倒退，同时语法规则也在不断丢失。总之，用表情符号沟通的风险在于重新将我们带回到文盲状态。也正是因此，铭文研究是一项对抗人性与潮流的挑战：博物馆里珍藏的画作和壁画因其精美而引人注目，但古人的声音却被禁锢在阿蒙霍特普石碑这样的文物中。

不仅如此，对语言和文字的研究还能使我们更加团结。

翻阅克拉芬巴赫教材的扉页，我们会发现，作者将这本书献给了米歇尔·费耶尔和马里奥·塞格雷。米歇尔·费耶尔是斯特拉斯堡大学希腊语言文学专业的教授，他于 1944 年 6 月 21 日在布里尤德被捕，成为人质，之后被送至集中营；马里奥·塞格雷是伟大的意大利铭文学家，他活跃在罗德岛和安纳托利亚地区，也是纳粹法律的受害者——他被带到奥斯维辛，1944 年死于毒气房。德国学者克拉芬巴赫将他的作品献给了他的法国和意大利同事，令人动容和深思。此外，他也想表明"这是所有人的事业"。在那个时候，让智慧战胜盲目和无知的暴力至关重要。说回那不勒斯，得益于许多目标一致的意大利和国外学者，我们也取得了诸多成果。这些学者共同努力，致力于创造合适的条件，让有着不同语言文化传统的欧洲各国团结在一起，尽管最近几年民族主义似乎不可避免地卷土重来了。

为了重新彰显铭文的研究和教育价值，今后让铭文不仅能够被观赏，也能够被理解，我们必须要感谢和激励所有学者。有使命感的博物馆必须坚持发挥其社会文化作用，这比以往任何时候都更代表着新生代成长的机会。

词语的含义，它们的分量和意味深长，还有谜一般的发音，都凝结着人类的智慧，像魔法一样令人着迷。就像荷马形容"长着翅膀的语言"时所说的那样：使语言流传下来的书写符号是优雅的衣服，让我们记得自己是谁的孩子——尤其是在这个全球化的时代。或许，我们的孩子能够在有意识地参观古代铭文和象形文字石碑后，用想象力将看到的符号转化为表情符号，穿越时间长河，将古今联系在一起。

图 34　马克·克拉苏·弗鲁吉浴场铭文，庞贝，　CIL X 1063，

公元 50—68 年，那不勒斯国家考古博物馆①

无论我们是在 Instagram 上发布图片，还是在 WhatsApp 上发送信息，都需要记住，文字刻在石头上、铜版上或是无形的网络上并

不重要,重要的是文字承载着历史,需要我们尊重和了解。

只有拥有这样的自觉,我们才能传递有内容的信息,哪怕只是平常的一通电话。

图注:

①鲁尼白色大理石板。铭文内容为"马克·克拉苏·弗鲁吉的海水浴场,这里还有淡水浴场,由重获自由的奴隶看管"。李锡尼·克拉苏于公元 64 年任执政官,是海洋之门外这片浴场的所有者。浴场的水源一部分引自塞里诺引水渠支线,另一部分取自海水。在尼禄下令处死李锡尼·克拉苏后,浴场收归皇室所有。铭文全部为古罗马方体大写字母,也被称为高雅大写字母,或古罗马铭文大写字母,是现代大写字母的起源。这种字体用于宏伟纪念碑的铭文,至今仍是西方最高雅的字体之一,与如今我们在电脑或手机上打出来的大写字母并无明显差别。

18

世界的边缘

骑上骆驼,带上长途跋涉必需的水和食物穿越撒哈拉,而后沿着阿特拉斯山脉北上,我们就会看到狭窄的直布罗陀海峡。海峡位于直布罗陀巨岩和摩西山[1]之间,古时分别叫作卡尔佩和阿彼拉海岬。海格力斯曾在这里立下两根柱子,作为经过此地的证明。传说,这是已知世界与未知世界、旧大陆与新大陆分界线的(唯一)标志。因此,无论在地理意义上,还是比喻意义上,海格力斯之柱都象征着世界的边缘。

在神话传说中,海格力斯是宙斯和阿尔克墨涅的儿子。为了弥补杀妻弑子的过错,他需要完成梯林斯和迈锡尼国王欧律斯透斯指定的12项挑战。欧律斯透斯篡夺了海格力斯的王位,因此并不希望他完成任务,甚至希望他死掉。国王精心设计的第十项挑战是偷窃革律翁的牛群。巨人革律翁拥有三头三身六臂,却只有两条腿,他统治着与西班牙加的斯市隔海相望的厄立特里亚岛,拥有一群用来供奉阿波罗的牛,由一只双头犬看管。与我们在开篇想象的路线类似,海格力斯穿越利比亚,向着革律翁所在的岛屿进发,之后到达了卡尔佩和阿彼拉之间的海岬,也就是无人敢越过的世界边缘。在这里,他命人立起两根柱子,并在顶端放上自己的雕像。

---

[1] 也叫作雅科山(Hacho)。

海格力斯指向东方，表明此地是凡人禁止越过的界限，柱子上还刻着"此处之外，再无一物"。

图 35　海格力斯像，法尔内塞收藏，那不勒斯国家考古博物馆

　　许多神话和传说——有时夹杂着历史故事或信史，都受到"边界"或"世界尽头"概念的启发。例如，哲学家柏拉图就将亚特兰蒂斯划在海格力斯之柱以外。传说，这座岛上有丰富的银矿和其他珍贵金属，聚集着一众大航海家，却在一夜之间沉入了海底。

　　另一个神话的主角是阿特拉斯。与他同名的阿特拉斯山脉横跨突尼斯、阿尔及利亚和摩洛哥，全长约 2500 千米，摩洛哥海岬就是其中的一部分。传说，这里有一个世外桃源——赫斯珀里得斯花园，也被称为赫拉花园。此地由黑夜女神倪克斯和泰坦阿特拉斯的三个女儿看管，里面有一棵珍贵的苹果树，产出的金苹果能够使人永生。由于看守的仙女不断偷窃金苹果，赫拉决定增加一个看守者——拉冬。这是一个蛇身怪物，会发出犬吠一般的可怕叫声。尽管如此，不和女神厄里斯还是潜入花园，偷走一个金苹果，并在上面刻上了"送给最美的女神"字样。你们应该想到了，没错，这就是引发特洛伊战争的著名"金苹果事件"。海格力斯的第 11 项挑战正是窃取一些金苹果。

　　阿特拉斯看守着赫拉花园的入口。他因在泰坦之战中谋划策反而被宙斯降罪，被罚用双肩扛着天空。海格力斯来到阿特拉斯面前，谎称愿意替他受罚，只要他在这段时间内去花园拿三个金苹果。阿特拉斯同意了，但回来后却拒绝接过天空。狡猾的海格力斯假装同意继续扛着天空，但要求稍微调整肩膀的位置。天真的阿特拉斯陷入圈套，同意帮忙，他刚把金苹果放在地上，接过天空，就被海格力斯绑了起来。就这样，海格力斯拿走了带给欧律斯透斯的金苹果。阿特拉斯的女儿们发现拉冬不见了，金苹果也被偷了，开始号啕大哭，泪水让她们分别变成了黑杨、榆树和垂柳。

在这个神话中，阿特拉斯最后被美杜莎的目光石化了。珀尔修斯因阿特拉斯没有收留自己而决意复仇，他带着美杜莎被砍下的头来到他面前，将他变成了一座山，这就是今天的阿特拉斯山。

如今藏于那不勒斯国家考古博物馆的法尔内塞系列文物"海格力斯像"就与这个神话相关。这是一尊大理石雕像，高 3.17 米，出自雅典雕刻家格里康之手，可追溯至公元 3 世纪，是留西波斯于公元前 4 世纪创作的一尊青铜雕像的复制品。雕像于公元 6 世纪前后在卡拉卡拉浴场出土，后被枢机主教亚历山大·法尔内塞收藏，成为法尔内塞收藏的一部分。这尊雕像随法尔内塞家族代代相传，一直存放在家族宫殿的海格力斯大厅中。1787 年，雕像被波旁王朝的卡洛斯三世继承，来到了那不勒斯，先是藏于卡波迪蒙特王宫，而后成为那不勒斯国家考古博物馆的藏品。

这尊雕像刻画了身材健硕的海格力斯刚刚完成 12 项挑战的瞬间。虽然历尽艰辛，但这位英雄出色地完成了任务，不仅让国王束手无策，还让一些嫉妒他才能的神无计可施。因此，海格力斯也象征着人类战胜神的背信弃义与反复无常。

留西波斯的原作清晰地刻绘了海格力斯作为普通人的一面，并未掩盖他的缺陷和不足。就像所有因繁重工作而精疲力竭的人一样，海格力斯疲惫地倚靠在棒子上，背在身后的右手中拿着从赫斯珀里得斯花园偷来的三个金苹果。

除了海格力斯等向西冒险的神话人物外，历史上第一批成为地中海"主人"的探险家来自克里特岛。公元前3000—前1500年，弥诺斯文明开始向西发展，给地中海带来了深远影响。克里特岛后来成为盛极一时的海洋王国，势力范围以爱琴海为中心，北至黑海以北，东至叙利亚，南至埃及。

亚锡雅瓦人的入侵阻止了弥诺斯的对外扩张和文明传播。亚锡雅瓦人就是荷马所说的亚该亚人，他们因建立迈锡尼，又被称为迈锡尼人。公元前1500年前后，随着弥诺斯文明衰落，亚该亚人趁机在伯罗奔尼撒站稳脚跟，为建立迈锡尼奠定了基础。在这一时期，迈锡尼人为半岛带来了无数变革：在文化领域，他们带来了新的语言——一种古体的希腊语；在宗教领域，他们引入了天神崇拜；在经济领域，岛上兴起金属加工业；在政治领域，他们重建了社会结构。迈锡尼商人因出色的航海能力闻名于世：除意大利外（意大利中南部地区出土的陶瓷证明了这一点），他们的足迹还遍布塞浦路斯、埃及、小亚细亚、叙利亚和黎巴嫩等地。

公元前14世纪至前12世纪，迈锡尼文明因"海上民族"的到来而遭遇沉重打击。这些"海盗联盟"首次出现在公元前 2000 年的古埃及文献中，他们从海上入侵了埃及等许多国家。其进攻特点并不在于独特的围攻战术，而在于暴力程度和高参与度。为了寻找新的土地扎根，整个民族都参与了侵略。在此过程中，"海上民族"带来了恐惧与破坏，没有文明能够与之抗衡，最后都屈服了，迈锡尼也是如此。在经过三个世纪的绝对统治之后，迈锡尼由于无法对抗海上民族的入侵，城市被付之一炬。

然而，在其他一些人看来，真正让弥诺斯文明走向灭亡的是来自北方的多里安人。他们是原始印欧人的后裔，可能属于多瑙河中部的骨灰瓮文化。多里安人先是定居在伯罗奔尼撒半岛，之后又向克里特岛扩张。

后来，腓尼基人成为地中海新的"主人"，他们是杰出的商人和航海家，定居在今天黎巴嫩所在的地区，建立了许多城市，其中最重要的就是推罗。这是一块战略要地，拥有两个港口，一个连接腓尼基的赛达，另一个连通埃及。推罗聚集了众多手工艺人、工匠、金银匠和造船匠，贸易活动十分活跃，主要商品包括用骨螺（一种分泌紫色液体的软体动物）染制的织物、天蓝色锡釉彩陶和彩色玻璃，风格有原创的，也有仿制的。得益于这些贸易活动，推罗可以说是整个腓尼基经济、政治、贸易和扩张活动的缩影。

图36 阿特拉斯像，公元2世纪，法尔内塞收藏，那不勒斯国家考古博物馆①

在这一时期，两大革命改变了当时的世界。首先，铁器加工使人类告别了旧时代，开启了铁器时代；其次，以腓尼基乌加里特和比布鲁斯采用的音节文字为基础，拼音文字出现了。

腓尼基决意扩张领土，开始了海上探索，最远到达了海格力斯之柱。根据古埃及传说，这些航海者是第一批越过海格力斯之柱，并且绕非洲航行的人。而根据另一种说法，20 世纪 50 年代出土的铭文表明（之后被证明不实），腓尼基人是最早占领巴西海岸的人。

无论如何，在公元前 11 世纪前后（也有资料显示为公元前 8 世纪前后），腓尼基人从西班牙海岸登陆，建立了加地尔城[1]（Gadir），对应今天的加的斯城。此外，腓尼基人还建立了其他殖民地，例如，建于公元前 814 年的"新推罗"——迦太基。

公元前 8 世纪的移民活动与意大利第一批古希腊殖民地的建立有关，包括库迈和伊斯基亚岛，后者也被称为皮特库萨。

然而，最重要的一次移民活动，是穿过海格力斯之柱后发现了新大陆，这标志着人类历史从中世纪过渡到了近代，许多之前闻所未闻的国家进入了人们的视野。

移民活动以海格力斯的传说开启，从海上民族的入侵，逐渐发展到贸易和文字交流，为后续的扩张奠定了基础。在西班牙征服中

---

[1]　城市名字意为"防御工事"。

部美洲后,金苹果的传说也随之被黄金国的传说取代。

从海格力斯的冒险,到美洲被征服,中间相隔数千年。然而,人类始终没有明白(谁知道是否会有明白的一天),每个时代宝藏的背后,都沾染了谎言或无数被征服民族的鲜血。

图注:

①这座大理石雕塑高 191 厘米,是一座希腊化时期铜塑的复制品,极有可能是为埃及亚历山大博物馆而建,博物馆位于亚历山大图书馆旁。泰坦阿特拉斯单脚跪地,肩上扛着沉重的天球,这是古代对黄道带最完整的描绘之一,严谨地展示了当时已知的所有星座。在天球上,赤道为一条凸起的细线,被黄道斜切,将天球分成了两个半球。南北回归线和赤道一起组成了凸起的网格。这是近代发现的第一幅星图,之后的天文学家从中汲取灵感,并对星图进行补充完善,但由于星座呈现视角为由天球外望向天球,所以天文学家在参考时,会误将星图的形状画反。该雕塑最初在罗马的平扎纳门附近被发现,16 世纪中期出现在罗马的古玩市场上。

19 『远西推罗』迦太基

让我们从海格力斯之柱往回走，在登陆意大利之前，驶向我们在非洲的最后一站——"新推罗"迦太基。

大多数地中海沿岸城市的起源总是交织着历史与神话，迦太基也不例外。在神话中，女王狄多建立了迦太基，她因被爱人埃涅阿斯抛弃，痛下诅咒后自杀而出名。在维吉尔的《埃涅阿斯纪》中，迦太基与母邦腓尼基的联系值得关注。狄多是推罗国王皮格马利翁的姐姐，皮格马利翁杀害了她的丈夫阿瑟巴斯。为避免杀身之祸，狄多从推罗逃往利比亚，来到国王贾尔巴的宫廷。她请求国王赐予她一块土地，用于建立新的王国。国王给了她一块牛皮，告诉她能用牛皮罩住多少土地，就可以获得多少土地。狄多非常狡猾，她把牛皮剪成了条，圈住了一片比牛皮大得多的土地。

然而，根据史书记载，迦太基建于公元前814年，在之后的几个世纪里，一直相当于是旧推罗乃至整个腓尼基文明的延伸，与母邦有许多相似之处。这首先表现为迦太基人强烈的海上探索与殖民倾向，后文谈到的迦太基与罗马的战争就是例证。然而，迦太基的宗教崇拜非常落后，甚至可以说十分原始，当地出土了数以千计装有儿童碳化尸骨的墓葬瓮，证实了罗马人记述的人祭行为。对迦太基文明来说，这种祭祀方式非常令人不齿，尤其是在基督教诞生之后。

图 37 战象雕塑，那不勒斯国家考古博物馆

虽然腓尼基文明和迦太基文明有许多相似之处，但二者却走向了不同的终点。一方面，公元8世纪，腓尼基人被亚述人征服，失去了独立地位；另一方面，迦太基没有受到强大帝国的威胁，与北非大部分地区结成了稳固的联盟，成为连接东西地中海的枢纽，并通过以物易物和货币交易两种方式进行贸易。不同种族和文化在这片土地和平共生，这一点从布匿战争中迦太基军队的人员构成就能看出。

迦太基所处半岛战略位置显要，拥有天然屏障比尔萨山、马尔萨肥沃的内陆土地以及沿海优良的港口。公元前7世纪，迦太基护城墙内的面积已达到25公顷。此后，迦太基人口过度扩张，在不到300年内就拥有了5万居民。从政治上看，迦太基实行的寡头政治与罗马共和国并无太大区别。迦太基拥有两个国家元首，苏菲特[1]执行司法权和行政权，将军拥有军事权，后者由最高委员会（代表贵族利益，与罗马元老院类似）和百人委员会（由贵族组成）每隔若干年选出。虽然平民在理论上能够影响政治，但城市还是由寡头统治。

迦太基的发展和名气主要得益于其经济发展路线，当地手工艺人和金银匠人凭借象牙制品、铜质和银质餐具、亚麻和羊毛布料以及金银丝首饰闻名于整个地中海地区。

---

[1] 来源于圣经《师士记》，意为"法官"。

迦太基作为贸易强国的重要地位不断提升，最终引起了罗马的注意。罗马不愿看到地中海被迦太基控制，也看不惯其贸易手段，双方冲突不可避免——这就是持续了 100 多年（公元前 264—前 146 年）的布匿战争。

当时，罗马虽然在意大利半岛所向披靡，不断扩张，但在贸易和航海方面，却要依附伊特鲁里亚人和希腊人。为解决这一问题，罗马占领了今天雷焦卡拉布里亚所在的希腊领土，与其隔海相望的，正是当时迦太基控制的西西里岛。起初，这并不是个问题，因为迦太基和罗马一直是盟友，双方签订了和平协议，只能并肩作战。出于上述原因，罗马撕毁了协议，就此拉开了布匿战争的序幕。

历史告诉我们，罗马在布匿战争中取得了绝对性的胜利，迦太基再也无法对其构成威胁。然而，我们要做的并非梳理历史事件的时间线，或倾听胜利者的钟声，而是向读者呈现汉尼拔惊人的号召力和敏锐性。

汉尼拔于公元前 219 年到达意大利半岛，他统领的迦太基军队不仅由当时常见的雇佣兵组成，还囊括了各个民族的士兵。在这些人中，利比亚腓尼基人构成了步兵的中坚力量。作为军队方阵不可或缺的一部分，步兵跟在首领左右，战斗力极强，具有强大的威慑力。他们忠心耿耿，随时准备追随首领作战，哪怕穿过世界的边缘。紧随首领的还有凯尔特士兵，他们手持长剑和椭圆形盾牌，负责击垮敌军的前线。凯尔特人被认为是最难掌控的战士，他们骁勇善战，十分凶残，但也因此缺乏组织纪律性。与凯尔特人并肩作战的是伊比利亚人，他们装备标枪或短剑——先用标枪直击敌军的首级，而后用短剑进行刺杀。因其手持盾牌，又被称为盾牌兵。最后，努米底亚人组成的骑兵同样至关重要。他们负责越过其他队列，在适当的距离，通过投射石头和标枪，向敌军发起猛烈攻击，为此他们通常装备轻质武器。

但军队构成还没介绍完。汉尼拔在穿越阿尔卑斯山途中以及后来的扎马决战中，还借助了著名的战象军团。这种做法效仿了皮洛士，他在对战罗马共和国的赫拉克利亚战役（公元前280年）中使用了20头战象，打得敌军措手不及。汉尼拔率领37头战象翻越阿尔卑斯山，但由于不适应寒冷气候，战象全部冻死在了路上。在扎马决战中，汉尼拔同样派上了战象。但此时罗马军队已经学会如何对付这些庞然大物，他们大声喊叫或吹奏军号，让大象惊慌逃窜。

本章要呈现的文物，恰好可以追溯至第二次布匿战争时期。这是一座庞贝出土的赤陶小雕像（公元1世纪），塑造了一名身骑战象的波斯士兵形象。从这座雕像可以看出，在当时使用战象作战，是真正的革命性创举。

实际上，驯养大象在当时并非新鲜事，很早之前在印度河流域就已出现，尽管当时并非真正意义上的驯服。最早被驯养的大象并非用于作战，而是用于农业生产。大象用于战争，最早可追溯至公元前1100年的远东地区。后来战象传入波斯帝国，被大流士一世来用。公元前331年，大流士三世在对战亚历山大大帝的高加米拉战役中也使用了战象——这是欧洲军队和大象军团的第一次较量。从那时起，亚历山大大帝决定更好地利用大象作战。在巴比伦，他派出一小队大象看守他的宫殿，并且设立了专门负责在战争中统领大象的官职——"驭象人"。亚历山大大帝的"继业者"在战争中使用了数以百计的印度大象。于是，战象在整个世界传播开来，被古埃及人、努米底亚人和罗马人采用[1]。

布匿战争给了罗马彻底毁灭迦太基的机会，而罗马人也的确抓住了时机。虽然迦太基在第二次布匿战争失败后丧失了军事优势地位，但凭借其贸易和海上实力，它仍是罗马的潜在对手。因此，决意斩尽杀绝的罗马发动了第三次布匿战争，主动入侵迦太基。在"阿非利加征服者"大西庇阿的领导和鼓舞下，罗马军队洗劫了迦太基，挨家挨户驱赶屠杀平民，幸存的人也只能沦为奴隶。根据一些不可靠的史料记载，罗马人在占领的土地上任意实施暴行，在地上犁出一道道沟壑并撒上盐，以确保这片受诅咒的土地寸草不生。

―――――――――

[1]　罗马人正是在布匿战争后开始使用战象。

图 38　突尼斯巴尔多国家博物馆，ⓒ Mondadori Portfolio/Zuma Press

根据希腊历史学家波利比阿的说法，大西庇阿纵容士兵洗劫迦太基，但之后意识到类似的灾难终会落到罗马头上，不禁感伤落泪。

直到公元前 31 年亚克兴战役的胜利，彻底荒废的迦太基才得以作为罗马帝国的新殖民地重新崛起，并获得了新的名字——儒略和谐迦太基，这是帝国在意大利之外建立的第一个殖民地，也是阿非利加行省的权力中心和城市补给港口。

19 世纪的考古发掘，让迦太基重新进入人们视野，欧洲和突尼斯的相关机构都开始了进一步的考古研究。随着时间推移，迦太基不仅吸引了历史学家和考古学家的注意，还激起了文学家和艺术家的兴趣，狄多和汉尼拔等人物多次出现在文学作品和现代音乐中，在浪漫主义盛行的年代受到热捧。

当代电影艺术、连环画和电子游戏赋予了迦太基新的生命。例如，卡尔米内·加洛内导演的《"阿非利加征服者"大西庇阿》，由当时年仅 17 岁的阿尔贝托·索尔迪参演；又比如 2003 年上市的电子游戏《帝国：布匿战争》，同样再现了罗马与迦太基的战争。

近年来，另一种形式的战争使突尼斯陷入混乱。这种现代特有的战争形式我们已非常熟悉，那就是恐怖主义。2015 年 3 月 18 日 12 点 30 分前后，突尼斯的巴尔多国家博物馆遭遇恐怖袭击。该博物馆因藏有保存完好的罗马镶嵌艺术品而闻名，每年都会吸引数百万游客前来参观。在此次事件中，两名恐怖分子在博物馆内绑架了多名人质，负隅顽抗两个多小时。最后，突击武装力量快速干预，击毙了恐怖分子，粉碎了这次袭击。20 余人在此次恐怖事件中丧生，大多数都是游客，其中有 4 名意大利人。根据调查，恐怖分子是"伊斯兰国"成员，他们本来准备袭击国会，但在国会入口处遭拒，因此退而求其次，转而袭击国会旁的博物馆。

有一些像迦太基这样的城市，似乎注定陷入永恒的战争之中，总有形式不同、目的不同的新战争出现，但暴力和怒火却延续千年，始终如一。

而最近的几起恐怖袭击，无论是给今天的突尼斯居民，还是他们曾经的祖先迦太基人，都造成了新的伤害。

鶴　20
舞

在距离巴里[1]约 35 千米的穆尔贾高原东北部，有一座中世纪小镇——鲁沃。

鲁沃最早由普切蒂人建立，这个古意大利民族属于原始印欧人，后被希腊殖民。公元前 8 世纪至前 5 世纪，得益于与其他古意大利民族，尤其是与伊特鲁里亚人的紧密贸易联系，鲁沃进入黄金发展时期。小镇人口快速增长，名气也越来越大，甚至拥有了自己的货币。此外，希腊人为当地引进了制陶作坊（活跃于公元前 4 世纪至前 3 世纪初期），出产的陶瓷工艺精美，远近闻名。巴里、莱切和那不勒斯的博物馆里展出了许多出自普切蒂人之手的雅典风格器皿。

再加上橄榄油和葡萄酒的贸易，鲁沃很快成为大希腊最繁荣的城邦之一。鲁沃与雅典结成联盟，成为雅典的保护对象，同时与军事重地塔兰托也建立了同盟关系。然而，塔兰托在对阵罗马的皮洛士战争中战败，鲁沃被划给罗马，更名为鲁比，成为自治城镇。在圣伯多禄的推动下，鲁沃于公元 44 年建立了自己的教区，由未来的教宗圣克莱托担任第一任主教。

---

[1] 意大利普利亚大区首府。——译者注

图 39 鲁沃舞女彩色石板，那不勒斯国家考古博物馆

公元 5 世纪，持续的外族入侵让鲁沃陷入混乱。这一时期，哥特人、伦巴第人和萨拉森人接踵而至，鲁沃也因此筑起了护城高墙。之后，在腓特烈二世的统治下，鲁沃的文化和经济都得到了发展，大教堂的建立就是证明。自 1266 年起，鲁沃彻底转变为封建行省。1510 年后的 300 年，鲁沃由大地主卡拉法家族统治。

自 19 世纪起，检察官乔瓦尼·亚塔成为推动鲁沃发展的关键人物。他强烈反对封建制度，1794 年被鲁沃议会任命为市政律师，以反对贵族压榨。他起诉埃托雷·卡拉法，并为鲁沃大学辩护。12

年后，他赢得了诉讼，封建制度瓦解，市政府也得以制定更为高产的农业政策。此外，亚塔还开展了一系列考古发掘活动，在他本人及整个家族的共同努力下，鲁沃的古希腊殖民区域出土了成千上万的无价之宝，促进了鲁沃的重新崛起。

由于痛风行动不便，乔瓦尼转向古玩收藏和考古，成为了优秀的收藏家。1780年，他第一次开展考古发掘，很快就被鲁沃的历史遗迹吸引。在兄弟朱利奥的帮助下，他开始收藏出土陶器，并于1838年前后完成了私人藏品收集。直到去世，乔瓦尼共收藏了约400件陶器。这些文物本应上交国家，尤其是那不勒斯国家考古博物馆，却按照他的遗嘱留在了鲁沃。

现藏于那不勒斯国家考古博物馆的舞女墓彩色石板，是亚塔拒绝出售的作品之一。这件文物于1833年在鲁沃出土，后被赠予了那不勒斯国王。石板是墓室的一部分，可追溯至公元前5世纪末至前4世纪初，它不仅是墓葬画的杰作，也是意大利本土艺术的瑰宝。

这件作品明显受到了古希腊的影响。画中女性手臂交叉，前后相连，踩着舞步前进。她们身穿彩色长袍，盖住了头和肩膀，前额佩戴纱巾，露出耳环。画中共有28名舞者，分成两排，其中有3个貌似是领舞，从编排上来看，舞蹈似乎是一种旋转舞。

有学者认为，这种舞蹈让人想起普鲁塔克在《传记集》中的一段描述。这段文字出现在弥诺陶洛斯的故事中："在从克里特岛回来的路上，忒修斯在提洛岛停泊。他向神祭祀，并把从阿里阿德涅那里得到的阿佛洛狄忒画像献给了神。之后，一行人跳起了据说提洛岛人至今仍会跳的舞。这种舞蹈需要舞者跟随节奏扭动身子，旋转行进，仿佛走迷宫一般。"舞者排成一列，如同迁徙的鹤群，因此被古人称为"鹤舞"。

这种舞蹈让人联想到瑟塔基舞（sirtaki），它被误认为是希腊传统舞蹈，但实际上是专门为 1964 年的电影《希腊人佐巴》编排的。这种舞蹈另一个为人熟知的名字是"佐巴舞"，其特点在于舞蹈的节奏会逐渐加快，舞者旋转舞蹈，不断交替，把手臂搭在同伴的肩膀上，与鲁沃舞女石板上呈现的舞姿十分相似。

另一种地中海地区典型的旋转舞是萨玛（Semà），又叫作"狂喜圣舞"。这种虔诚神秘的舞蹈源于 13 世纪在土耳其成立的苏菲派兄弟会毛拉维教团，如今已被列入联合国世界文化遗产名录。萨玛象征着精神世界与现实世界高度融合的神圣时刻。这种舞蹈的逻辑在于，为了使一切正常运行，万事万物都必须不停地转动。正如原子和行星在不停转动，舞者也一边仰望天空，一边忘我地旋转。

图 40　演奏者马赛克，庞贝，西塞罗别墅，公元前 2 世纪末，

那不勒斯国家考古博物馆①

　　仪式在 12 月的第 2 个星期举行，由男性舞者参与，分为不同

阶段，包括朗读《古兰经》最重要的 10 段、在笛声中再现创世的

情景、导师与成员相互致意，以及最后真正的舞蹈环节。舞者脱下象征无知与物质的黑色斗篷，穿着象征超凡、光明、超脱自我的白色祭服开始旋转，仪式最后以告别收尾。

意大利南方也拥有深厚的民俗舞蹈传统。这些舞蹈一般被认为起源于塔兰泰拉毒蛛病，一种由塔兰托狼蛛引起、妇女多发的狂躁症。这种蜘蛛多在普利亚酷热的夏日出现，被它叮咬后会产生刺痛，让人上蹿下跳。

虽然毒蛛病在多数情况下并非真正的疾病，但跳舞的人确实可能患有心理疾病，或遭受深刻的社会性创伤。患者想要通过违反社会规则来宣泄情感（例如无法再积压的性欲），而只有舞蹈可以使他们平静下来。就此意义而言，这种舞蹈具有宣泄和排解的作用。毒蛛病患者先是"变身"蜘蛛，而后回归自我，通过跟着鼓点节奏跺脚制服蜘蛛，直到精疲力竭地倒地，治愈过程才算完全结束。不过，毒素仍会留在患者的血液里，在下个夏天再次发作。

出人意料的是，塔兰泰拉毒蛛病在中世纪就已出现。基督教和科学革命规范了民俗中过火的成分，但也破坏了这种艺术形式的原貌。人类学家和哲学家埃内斯托·德·马蒂诺长期致力于研究塔兰泰拉毒蛛病，他发现了这种症状与蜘蛛叮咬之间的关系，也为驱魔说法提供了解释，即患者似乎是想借助舞蹈，摆脱一年之中经历的负担、不幸与灾祸。

从塔兰泰拉毒蛛病衍生出了一种名为"叮咬"（pizzica）的舞蹈。随着时间发展，"叮咬"舞又演化出不同变体，包括主要由女舞者表演的塔兰托版本，模仿男性争斗的击剑版本，以及由年轻伴侣表演，具有性暗示意味的版本。

最后一种版本的"叮咬"舞被视为一种求爱舞。在表演中，女舞者会肆意展现自己的女性特质，一边跳动一边提起长裙，让裙摆在食指和拇指间撩动，而男舞者则会展现男子气概、力量和健美的气质，一边跳一边做出挑逗的动作，包括拍手或掀起女舞者的裙摆，就像织网的塔兰托狼蛛一样。眼神在表演中非常重要，必须能够传递舞者的意图。此外，女舞者的头巾也是重要的道具，要么作为定情信物，向男舞者发出邀请，在舞蹈动作中象征结合；要么用于遮住面部，表达矜持或挑衅的态度。

当然，围圈舞步也很关键，这种舞蹈形式不仅是为了营造气氛，也是为了创造适合舞蹈的环境。围圈舞步确定了患者获得治疗的区域，是重中之重，象征着在仪式结束后重新接纳患者的社会。

总的来说，神秘的鲁沃女舞者很有可能与阴间和重生有某种联系。从色彩鲜艳的衣服到舞者的动作，一些魔幻元素在之后的地中海舞蹈中被继承了下来。

图注：

①作品中有两名男性人物，其中一人手持响板，另一人敲打手鼓，这两种乐器至今仍在地中海地区民间舞蹈中使用。

从女神到女巫

现在，让我们朝西北方的坎帕尼亚大区出发，行进大约200千米后，就来到了贝内文托（Benevento）。在公元前275年罗马赢得皮洛士战争胜利前，这座城市一直被称为马莱文图姆（Maleventum）。

贝内文托由萨莫奈人建立，在被设为自治城镇后，成为罗马帝国对外扩张的基地之一。贝内文托位于亚壁古道沿线，地理位置十分有利。在罗马共和国末期，它是南方最繁荣的城市之一。之后，这座城市先后被拜占庭和伦巴第人占领，1051年成为教宗国的一部分。此后，教会与君主对其展开了持续的争夺，直到1799年，贝内文托发动起义，加入帕特诺珀共和国。在奥地利人将贝内文托交还给罗马教廷后，加里波第于1860年宣布贝内文托为意大利王国的省会城市。

贝内文托地处盆地，四面环山，位于坎帕尼亚大区中心，距离那不勒斯不到100千米。当地有造纸、林木、玻璃、皮革和建材工业，但其经济支柱为第一产业，即农业和食品加工业，其中瓜尔迪亚桑夫拉蒙迪酿酒厂和斯特雷家药酒加工中心都非常有名。

图 41 伊西斯，雕像，那不勒斯国家考古博物馆

贝内文托是著名的"民间信仰文化之乡"，尤其流行许多非救赎属性的神。常被提及的萨巴仪式（sabba）就是女巫和恶魔的集会，与酒神崇拜类似，具有渎神性质。时至今日，贝内文托当地人仍在用口口相传的故事，延续着浓厚的民间信仰传统。

贝内文托女巫十分出名，主要分三类：第一类是"木屐女"（zoccolara），她们昼伏夜出，在小胡同里用木屐声惊吓过路人；第二类，也是最重要的一类是"马女"（janara），她们发明了一种神奇的药膏，让她们可以在空中飞行，"马女"骚扰的主要对象是母马；第三类是"长臂女"（manolonga），她们死于井中，会把所有胆敢探头张望的人都拉下去。

除了女巫，贝内文托还因一种极其古老的崇拜而闻名，那就是伊西斯崇拜，它赋予了城市介于神圣与世俗之间的宗教氛围。伊西斯崇拜的传入得益于贝内文托与埃及的紧密联系，可追溯至罗马帝国时代，主要归功于弗拉维王朝皇帝图密善。这位皇帝崇拜伊西斯女神，称其为"贝内文托的女主人"，称自己为"主人与上帝"和"伊西斯之子"。他在公元 88—89 年为伊西斯建造了一座神庙，吸引了众多信众前来朝拜。

但时至今日，我们甚至难以确定神庙的位置，留存下来的仅有双子方尖碑，碑上有明显是象形文字的铭文。1903 年对其进行修复后，又发现了荷鲁斯、托特和阿匹斯的画像及小型雕塑。

哥特人与东罗马帝国的战争使神庙遭到破坏，同时期的许多雕塑、纪念碑以及其他宗教的标志性建筑也都被毁。此外，很可能是最先皈依基督教的伦巴第人将伊西斯拉下神坛，并将其妖魔化。人们坚信她和俄塞里斯乱伦，是一个渎神的女巫：她从上帝那里强行夺走了一个死人，让他死而复生，并为他生育了孩子。一些人认为，伊西斯崇拜被限制在基督教的范围内，尤其以圣母玛丽亚崇拜的形式延续，无数伦巴第时期的绘画作品似乎都体现了这一点。贝内文托对圣母十分虔诚，并且在原来伊西斯神庙的所在地兴建了圣母感恩大教堂，这或许正是由于伊西斯崇拜的基督教化。

图密善从父亲韦帕芗那里沿袭了伊西斯崇拜。公元 69 年四帝之年，韦帕芗与维特里乌斯爆发内战，埃及军团拥护韦帕芗为皇帝，并向其表示忠诚。因为一段个人经历，图密善更加坚定了信仰。当时图密善 18 岁，在得知自己被维特里乌斯的忠实支持者追杀后，他躲进了朱庇特神庙，并伪装成女神的祭司，才最终得以脱险。

父子二人对伊西斯的崇拜也出于政治考量，因为拥有一个保护神明显有助于赢得支持和声望。图密善曾利用法老时代来宣传自己的独裁野心，表明他很清楚这一点。图密善于公元 81 年继承皇位，在整个在位期间，他大力兴建工程供奉伊西斯，并修复了罗马战神广场的伊西斯纪念碑（之前毁于火灾）和贝内文托的伊西斯神庙

（工程也许始于韦帕芗在位时期）。神庙中有弗拉维王朝皇帝从埃及获取的雕像，可以追溯至法老统治时期和托勒密王朝。根据双子方尖碑上铭文的描述，这座神庙的外观像一座"辉煌的宫殿"。

图 42　伊西斯神庙，壁画，庞贝，公元 1 世纪，那不勒斯国家考古博物馆①

早在公元前 9 世纪，埃及与坎帕尼亚就已建立联系，且这种联系在古希腊殖民时期，以及后来与腓尼基贸易的过程中得到强化。与腓尼基的贸易使得珍贵货物流通到坎帕尼亚，其中包括金、银、铜、象牙、葡萄酒、布料和来自埃及的护身符，例如带有圣甲虫的"香树脂"，或是带有著名的"邪恶之眼"的吊坠和项链。后来，两地的贸易中断了很长时间，直到希腊化时期才重新恢复。当时，来自亚历山大的水手和商人到达波佐利港，促进了古埃及文化在当地的传播。当然，做出最大贡献的还是帝国东部边境的军团士兵，他们推动了东方的崇拜、仪式和神祇在意大利的传播。

让我们重新回到"贝内文托的女主人"。传说，伊西斯是冥王俄塞里斯的妹妹和妻子。在俄塞里斯被哥哥塞特残忍杀害后，伊西斯为了寻找他身体的 14 个碎片，走遍了天涯海角。她将碎片组合在一起，用魔法让丈夫死而复生，并生下了荷鲁斯，而他将在未来替父报仇。

伊西斯的形象往往伴随着一朵莲花——在埃及象征重生、阳光和永恒的生命，或戴在头上的圆盘。她身披深色长袍，由胸前的结系住，这种衣着不仅象征哀悼，也象征尼罗河浑浊的河水。伊西斯的右手拿着古埃及手摇铃——一种金属制成的乐器，左手端着一个瓶子，里面盛着用于仪式的液体。

伊西斯除了象征着农业、多产、重生和魔法，也保护着所有在海上航行的人，因此她是水手和商人的保护神。神话中，伊西斯穿越时空，从东方到西方，始终保持着美貌。此外，她还代表自然和月亮——贝内文托女巫文化和萨巴仪式中不可或缺的元素。

伊西斯崇拜伴随盛大的公共仪式。例如，在春分后的第一个月圆之夜，为庆祝冬季结束后重启航海活动，人们会戴上面具，举行传统仪式——"伊西斯之舟"。在节日上，妇女背着镜子排队游行，木船上装饰着花和埃及的神祇。

现藏于那不勒斯国家考古博物馆的伊西斯雕像，是描绘女神形象最重要的作品之一，可惜人们对有关文物出土的信息知之甚少。我们只知道，在18世纪后期，这件雕塑跟随法尔内塞系列收藏，被转移到那不勒斯王国博物馆。通过研究深灰色的雕塑材料，学者认为这件雕像可以追溯至公元2世纪，因为当时重要订单会使用这种大理石材料代替玄武岩。雕像没有复制品，所以应该是古罗马时期的原创作品。

毫无疑问，这座雕像用于伊西斯女神崇拜。雕像描绘的伊西斯端庄严肃，头戴莲花，身披长袍，只露出了脚和正脸，右手拿着手摇铃，左手拿着罐子。

坎帕尼亚文化和古埃及文化的融合不只体现在波佐利和贝内文托，那不勒斯还有一个真正的古埃及殖民地。

例如，庞贝就有一座伊西斯神庙，可追溯至公元前2世纪，

1764 年在另一座阿斯克勒庇俄斯神庙旁被发现。神庙建在一个砖瓦垒成的墩座墙上，主体为神像室，室中有用于储藏典籍的镂空墙室，还有一座装饰有月桂树的神龛，上面有两个硕大的耳朵，象征女神倾听信徒的祈祷，最后还有一间用于举办仪式的房间，房内有一座大型伊西斯雕像和其他古埃及风格的作品。这座神庙很有可能是根据当时的流行样式建造的，真切地体现了古埃及文化热。

古埃及文化热并非只出现在罗马帝国时期，18 世纪末这股潮流再次强势复苏，这要得益于当时出土的瓷器、墓葬瓮、象形文字和许多其他重要的古埃及文物。一则有趣的轶事提到，莫扎特在参观庞贝时被遗迹深深震撼，由此产生灵感创作了《魔笛》。

那不勒斯的尼罗区是一片真正的古埃及殖民地。该区域当时隶属尼罗大区，中心为尼罗小广场，现坐落于斯帕卡那波利街沿线，与梅佐卡诺内街平行，位于市中心圣比亚焦街的入口处。古时广场上有一条小河，像尼罗河一样分成几条溪流，并在靠近翁贝托大道腓特烈二世雕像的地方注入大海。有可能正是因为这片区域的地理结构与古埃及相似，来自埃及亚历山大的移民才选择在这里定居。

这一现象与当前处在移民和重建时期的国际化大城市十分相似，在当时邂逅那不勒斯古埃及殖民地，就如同今天不经意间走进了意大利的犹太人和中国人社区。

为了向故乡表示敬意，移民尼罗区的居民建造了一座尼罗河的大理石拟人雕像，塑造了一个蓄着胡须的男人形象，他半裸着侧卧在石头上，脚伸到鳄鱼身上，手持象征尼罗河富足的丰饶角，身子倚着狮身人面兽。雕塑胸前还有一些小浮雕，形似小孩，紧紧抓住男人，象征着尼罗河的不同支流。

由于气象原因和污染，这座有强烈象征意义的雕像遭到损坏，经过了无数次修复，主要包括人像的头部、臂膀以及鳄鱼和狮身人面兽的身体。

有趣的是，很久以来，那不勒斯人误以为雕像塑造的是一个女人，确切地说，是海妖帕耳忒诺珀，因此称之为"那不勒斯的化身"。

正如我们所见，数千年以来，与死亡和重生有关的神秘崇拜，赋予了埃及独特的魅力。众多古埃及爱好者一定不会错过大埃及博物馆开馆的消息，这座世界上最大的考古博物馆坐落于吉萨金字塔旁边。

大埃及博物馆很可能于 2022 年开馆，这一年是霍华德·卡特发现图坦卡蒙陵墓 100 周年，届时将展出 5400 件出土文物。该博物馆类似一个古埃及主题公园，用于满足古埃及爱好者的不同需求。此外，参观流程也和著名的开罗博物馆不同，游客不仅可以观赏和了解展柜内的文物，还可以在互动展厅身临其境感受古代生活，了解法老的日常，包括穿衣、用餐、与祭司和官员会见，甚至是葬礼。

大埃及博物馆的整体结构是都柏林一家建筑师工作室的杰作。此前，吉萨的旅游业受到动荡政治和恐怖主义的严重影响，因此政府投资该项目希望能够刺激旅游，为当地旅游产业带来新的生机。博物馆造价 10 亿美元左右，馆内有 28 个商店、10 家餐厅、1 个会议中心和 1 个电影院。

但要注意，对古埃及的狂热并不是排斥非法老统治时期文物的借口。如果与后续的阿拉伯文化割裂，人们将无法理解埃及文化。如果只展现单一的文明或时代，人们将难以理解历史。

不要错过阿拉伯视角下的埃及，因为无论于好于坏，它都促成了埃及的转变，使这个国家成为如今我们熟悉的样子。

图注：

①壁画描绘了祭祀女神的场景，献上祭品的人物位于中央，两排信众站在阶梯两侧，还有独特的光头祭司。

22

浴中之美

穿过坎帕尼亚腹地，来到维苏威火山山脚下，只需片刻便可到达千年前毁于火山爆发的历史名城——庞贝。几年前的妇女节上，庞贝考古遗址展出了《穿比基尼的维纳斯》雕塑，雕塑刻画了身穿金色泳衣的女神脱下凉鞋的瞬间。

1954 年，雕塑在庞贝的一个衣橱里被发现，可能是公元前62 年地震后对多姆斯[1]进行修复时被放进去的。衣橱中还发现了其他一些明显是庞贝第四风格的女性雕像。维纳斯雕像后来被运送到那不勒斯国家考古博物馆，因其带有明显的性暗示，被保存在了专门存放情色主题文物的秘密收藏室内。

这件雕塑可追溯至公元前 1 世纪至公元 1 世纪之间，属于第 14 章中提到的"端庄的维纳斯"系列。维纳斯左手搭在蓄着胡须、赤裸身体的普里阿普斯头上，一个小爱神正在碰触她的凉鞋。女神的比基尼、配饰和普里阿普斯的生殖器都运用了镀金工艺，比基尼由一件带有两根肩带和两根臂带的胸衣和一条原始的三角裤组成；女神的肚脐处有一颗金星，延伸出一根金色细带装饰，缠绕在女神腰间。女神的头发、嘴唇、普里阿普斯和小爱神的头部以及树干都有红色颜料的残留，这对下一章关于色彩的论述尤为重要。

---

[1] 古罗马的城市住宅。——译者注

图 43　穿比基尼的维纳斯，那不勒斯国家考古博物馆

维纳斯的姿态大方自在，让我们可以想象当时年轻女性的形象。菲洛索菲亚纳考古遗址距奢华的卡萨尔古罗马别墅不远，如今已被列入联合国世界文化遗产名录。该地发现的镶嵌画证明，当时的年轻女性经常穿着类似比基尼的衣物，在跳远、铁饼等体育训练和比赛中也是如此。

上下分开式的服装是罗马帝国早期的一种典型风尚，后来也成为了泳衣的样式。就像今天的人们总是迫不及待地逃离循规蹈矩的生活，去享受应得的惬意时光，古罗马时期的贵妇人、富人和艺术家也是如此。炎炎夏日，他们离开城市，或涌向热门的旅游景区，享受海水和荫凉，或前往别墅改造成的浴场。

在众多浴场中，首屈一指的当属巴亚浴场，人们认为这里的泉水有神奇的功效。历史学家蒂托·李维记录了一则轶事：古罗马执政官科尔内利乌斯从马上摔下，正是靠着巴亚的泉水缓解了剧痛。神奇的泉水加上宜人的景色，是巴亚声名远扬的主要原因。尽管由于反复的海陆升降现象，巴亚古浴场遭到破坏，如今只剩下了丘陵，但我们仍可以在考古公园中观赏到奥古斯都下令修建的浴场整体结构。

整个浴场最重要的建筑包括狄安娜、墨丘利和维纳斯的神庙。狄安娜神庙面积很大，地下温泉的水蒸气源源不断涌入其中。神庙还有一个带尖圆顶，但如今只剩下一半。墨丘利神庙是一个冷水浴室，维纳斯神庙则是一个八边形的浴场，水池深约三米。历史学家和作家希皮奥内·马泽拉在庙中发现一个形似维纳斯的雕像，神庙由此得名。

在当时，古罗马的夏日度假胜地会接待许多贵宾和名媛，比如卡图卢斯的"莱斯比亚"——克洛蒂娅，她因风流韵事败坏了名声，她光顾过的场所也被视作堕落和伤风败俗之地。许多关于克洛蒂娅的流言蜚语把她描绘成一个品行不端的放浪女人，西塞罗和马提亚尔都曾猛烈地抨击她的轻浮放荡。

与巴亚相似，那不勒斯也是一个适合游泳和夏日度假的胜地，但不同于巴亚混乱的生活和"花边新闻"，后者更加安静。那不勒斯是当时生活质量最高的城市之一，很多罗马人因此移居此地，例如维吉尔，甚至还有皇帝提比略——他的行宫就是卡普里的朱庇特别墅，坐落于以他名字命名的山上。

坎帕尼亚内陆地区和埃尔科拉诺到奥普隆蒂斯一带的维苏威火山区也是度假胜地。人们在那里不仅可以避暑，还能感受当地活跃的文化氛围，观看前卫的剧场表演。

罗马帝国时期的比基尼以不同的样式、颜色、材质和装饰流传至今，但通常公认的第一件比基尼是造型师路易斯·里尔德在1946年发明的。在里尔德的服装发布会上，他大胆地将这种服装与不久前美国人在比基尼环礁试爆的原子弹相提并论——比基尼的名字由此而来。

图 44　彩色的维纳斯，彩色雕像，约翰·吉普森（利物浦沃克美术馆），

那不勒斯国家考古博物馆

从 20 世纪初期到好莱坞明星流行的年代，服装也经历了一些改变——女人们的长衣长裤变得越来越短，直到连大腿也遮盖不住。但不管怎样，里尔德的发明在当时都是丑闻。正如每个令人尊重的发明在初始阶段都会遇到困难，据说里尔德因找不到比基尼模特，而不得不求助脱衣舞舞女。

随着时间的推移，比基尼在世界范围内传播开来，成为彰显身体曲线的独特衣物，如同 20 世纪 50 年代的海报女郎。但比基尼真正成为风潮，还要归功于电影艺术，前卫的女星起到了引领作用。玛丽莲·梦露在影片中一身白色泳装，成为令人难忘的经典；碧姬·芭铎凭借 1956 年的电影《上帝创造女人》，刺激了年轻女孩穿着比基尼的欲望。虽然普通人直到 1963 年才开始穿着这种泳装，但时至今日，比基尼已成为全世界女性衣橱里必不可少的服装。

说到电影和比基尼，就不得不提乌尔苏拉·安德烈斯——《007 之诺博士》（1962）里的邦德女郎。由她饰演的霍尼·赖德在影片中身穿白色金饰比基尼从海中浮出，宛如 60 年代的维纳斯。这一经典画面被载入历史，被视作电影史上最性感的镜头之一。她这身泳装同样是比基尼发展史上的里程碑，2001 年以 35000 欧元的价格被拍卖。2004 年，在比基尼问世 60 年之际，一项民调将安德烈斯称为"高贵的比基尼女神"，她的比基尼装扮是电影史上被模仿最多的画面之一。哈莉·贝瑞在 2002 年的电影《007 之择日而亡》中就曾再现这一镜头。不难看出，维纳斯金色的比基尼是大约两千年后安德烈斯所穿比基尼的雏形。我们甚至可以说，两位女神虽然相隔千年，但相同的比基尼却让她们在文化上彼此相连。

23

彩色的古迹

如果有人告诉你，古代的雕像其实是彩色的，你会怎么想？

那不勒斯国家考古博物馆"Mann in colours"[1] 开展的活动试图寻找这个问题的答案。活动以"假设古代雕像是彩色的"为出发点（事实的确如此），目的是建立一个关于意大利古代色彩装饰的数据库，供文物修复专家及其他相关工作人员使用，同时也为游客提供更多信息。活动期间，游客可以来到古代钱币展馆的最后一个展厅——"专家展厅"，与专家一起探索三尊参与本次实验的女性雕像的色彩。这三尊雕像分别是《穿比基尼的维纳斯》《海中的维纳斯》[2] 和《洛瓦泰利的维纳斯》，本章主要围绕最后一尊雕像展开。

"专家展厅"是开放式的文物修复工作室，游客可以观看研究人员工作的每一个环节，并向他们提问。发现雕像的色彩是一场真正意义上的革命。人们借助一种不会对文物造成破坏的技术，识别出了历史上第一种合成颜料，即所谓的"古埃及蓝"（诞生于公元前2800 年前后的古埃及）。利用这种颜料的化学性质，人们还可以用红外摄像机分辨出颜料，并确定其在雕像表面的位置。专家团队开发了应用程序，让游客可以在平板电脑和手机上看到复原的彩色雕像。

[1] 即"彩色的那不勒斯国家考古博物馆"。——译者注
[2] 属法尔内塞收藏系列。

图 45　洛瓦泰利的维纳斯，那不勒斯国家考古博物馆

　　人们从实验中推断，上一章结尾处提到的《穿比基尼的维纳斯》的泳装颜色原本是古埃及蓝，而非金色；《海中的维纳斯》胸下带子的颜色同样是古埃及蓝；最后，本次研究中最重要的文物，《洛瓦泰利的维纳斯》，是世界上唯一颜色保存完好的雕像，女神的长衣依然色泽艳丽。

　　尽管考古学家、研究人员、检测专家和修复专家的工作在于将文物修复成原来的样子，但对于这些雕塑作品原本颜色的研究经常被视为边缘性工作。我们不应忘记，火山爆发前的庞贝不只为我们还原了古代世界的日常生活，也展示了意想不到的色彩——有彩色的墙壁、彩色的家具，当然也有彩色的雕塑。

　　而《洛瓦泰利的维纳斯》可以作为我们的向导，带领我们踏上这段色彩绚烂的旅程。这尊雕像由帕罗斯白色大理石雕刻而成，1873 年在庞贝狄俄墨德斯之家庭院旁的家神龛中被发现。雕像塑造了一个形态端庄，身材婀娜，神态平静的维纳斯，她上半身赤裸，腿上盖着白色长袍，左手拿着引发特洛伊战争的金苹果。雕像的长袍很明显是彩色的，原本是黄绿相间的。雕像的耳垂上有耳洞，根据当时的潮流，女神原本应佩戴着金色的耳饰。该雕像可追溯至公元 1 世纪，是庞贝早期出土的一组数量众多的彩色文物之一，一同出土的还有西塞拉琴师之家的彩色壁画、神秘别墅的莉薇娅雕像，以及《穿比基尼的维纳斯》，后者于 1954 年在位于丰饶街上与雕像同名的多姆斯中被发现，与宗教仪式中色彩艳丽、佩戴首饰的玛丽亚雕像十分相似。

一直以来，人们普遍认为古代雕塑都是大理石原色，没有其他颜色，以至于之后的现代雕塑家都遵循了这项不成文的"规定"，安东尼奥·卡诺瓦就是第一个践行者。虽然有所顾虑，但最初的修复工作还是使用了有损文物的技术，即参照雕塑留存色块或基于化学分析采用单色还原，这种做法一直持续到20世纪80年代。

得益于技术进步，新的研究打开了全新的世界。人们发现雕塑并非单色的，而是不同部位有不同颜色，且很多雕塑的色彩强烈明艳，极其华丽醒目，运用了黄色、蓝色、红色和金色等多种颜色。除了雕塑，学者研究的对象还包括神庙和浮雕。这些发现轰动一时，我们终于能够看到帕特农神庙隐藏的颜色，阿法埃娅神庙三角墙上弓箭手衣服的颜色，以及罗马第一大门上奥古斯都雕像的颜色。

但为什么过了这么长时间，做了这么多研究后，我们看到的雕塑和建筑仍是黑白的呢？其中一个解释显然受到文艺复兴观念以及部分古典观念的影响。当时人们认为，艺术作品，尤其是雕塑作品的理想之美，只有借助纯洁无瑕的白色才能展现。总之，学者认为重点在于"洁白"。另一原因在于，颜色会分散注意力，而白色能使人们聚焦雕塑的形态。

图 46　出售彩色织物，壁画，庞贝朱莉娅·菲利克斯之家，公元 1 世纪，
那不勒斯国家考古博物馆

　　除了雕塑艺术，早在地中海各港口与腓尼基开展贸易的时代，人们对色彩的热爱很快就体现在时尚之中。例如，在古希腊和伊特鲁里亚的市场出现的大量珍贵商品中，就有用骨螺紫染色的织物和布料。

　　腓尼基的名称"Phoinikes"正是意为"紫红色"，而当地也是这种颜料的主要产地。为了找到合适的海螺，腓尼基人似乎去到了很远的地方，甚至到达加那利群岛以获取原料。得益于骨螺紫，腓尼基人的商贸活动取得了巨大成功，以至于传说将腓尼基人视作第一个发现颜料的民族，但其他史料则将其归功于克里特文明，而柏拉图认为，神话中的城市亚特兰蒂斯的居民才是最先发现颜料的人。

骨螺紫名声如此之大，甚至出现在荷马的诗篇中。在与特洛伊战争相关的段落里，我们读到，海伦"织了一块巨大的紫红色双层布料"，阿伽门农则用"宽阔的手掌拿着一大匹紫红色的布"。

骨螺紫成为珍贵衣物独有的颜色，且由于其生产工艺十分复杂而价格高昂，然而这并不足以降低市场需求，政府只好颁布法令。例如，戴克里先法令规定了颜料的固定价格，即每 100 克骨螺紫与 300 克黄金等价。考虑到从大约 1200 个骨螺中才能提取 1.4 克骨螺紫，这个价格是十分合理的。

老普林尼在《自然史》中详述了收集骨螺和生产颜料的过程。人们用柳条筐和专门的饵料捕捞骨螺，之后把壳里面的肉挑出来，颜料正是通过分解骨螺的特殊腺体提取而来的。将螺肉放置于淡水中 10 天后，就可以得到一种深红色液体。经过进一步沤制，就会变成最终的骨螺紫。

几个世纪以来，这种珍贵的颜料被赋予了独特的象征意义。罗马帝国时期，衣服上的紫色成为一种区分标志，影响了宗教和社会生活的重要时刻。只有那些已经正式参与罗马宗教崇拜的信徒，才有资格身穿带有紫红色条纹的宽袍。

在与地中海其他文明交流的过程中，从公元前 5 世纪起，罗马人也开始给自己的衣物染色。此前，他们衣着简朴，只穿着未经染色的衣物。大约3个世纪后,穿着染色衣物的传统已经深植于社会,还出现了一些名副其实的罗马"染匠"。人们通过染料颜色对他们进行区分,例如,紫色染匠从意大利南部的希腊殖民地引进生产工艺,加工紫色衣物;还有"骨螺紫作坊"染匠,以及加工黄色衣物的"橘红色染匠"——之所以这样称呼他们,是因为提取黄色颜料的藏红花是橘红色的。至于衣物清洁,罗马人会去"fulloni-cae",也就是洗衣店的前身。庞贝出土了大量这方面的证据,例如,"史蒂芬奴斯洗衣店"壁画[1]就展现了衣物的洗涤和烘干环节。

根据不同场合选择不同色调的衣服,是古罗马就有的习俗。衣服的颜色成为一种不成文的规定,对特殊色调的选择可以传递特殊的信息。不可否认的是,通过颜色及其细微变化,人们不仅可以展现自己的创造性,还能表达鲜明的立场,例如反对暴力,而这正是自称拥护20世纪60年代反主流文化运动、梦想着"一个多彩新世界"的年轻群体——嬉皮士所做的。

第二次世界大战结束后,有7000万美国人,包括许许多多的年轻人,声称支持该运动,或是支持该运动的部分内容。"嬉皮士"(hippie)派生自名词"hip",在19世纪初用来指"自觉"和"知

---

[1] 现藏于那不勒斯国家考古博物馆。

识"，后来成为旧金山"垮掉的一代"的代名词，也就是反叛者记忆中20世纪50年代的颓废青年。嬉皮士运动提倡以和平方式反对资产阶级体制（他们中很多人正是成长于这样的环境），传递的信息包括反消费主义、反战主义、素食主义、唯灵论、替代医学、占星术，以及反暴力。花朵成为他们传递和平的象征之一，"要做爱，不要作战"，成为影响最为深远的口号。嬉皮士拒绝社会设定的价值准则，践行伴随运动建立起的价值观。他们拥抱自由恋爱，拒绝压抑情绪，服用精神性和致幻性药物。嬉皮士尤其通过着装和外表来展现身份——无论男女，都留着长发，穿着喇叭裤和彩色印花衬衫，佩戴众多醒目的配饰，包括珍珠垂链、手镯、彩色项链、夸张的墨镜，以及印花的宽腰带和头巾。

最后一次"色彩"的飞跃发生在传媒领域，也许是20世纪与颜色相关的最重大的革命。1939年，人们发现了相容性原理。根据该原理，黑白电视机也可以播放彩色电视节目。现在，让我们把频道调到1954年——经过15年的努力，美国终于研制出了彩色电视机。让我们再次摁下遥控器，来到1977年。这一年，彩色电视机正式登陆意大利——最晚使用彩色电视机的国家之一。此前，意大利广播电视公司进行了经典的"播放技术测试"，采用的是静态图片，或是配有经典背景音乐的短片。

如果我们要反思当代的色彩革命，也许一定会想到街头艺术。

这种艺术形态是千百年来艺术发展自然演变的结果，并且无意识地根植于伟大的古代壁画传统。街头艺术同时代表了一种社会层面的断裂，因为其目标之一，常常是为城市陈旧衰败的角落赋予新鲜的生命。总之，在我们生活的世界里，彩虹不止有七种颜色，还包含了新生代的控诉和希望之间的细微色差。

24 向足球流氓说『不』

角斗士作为民众的偶像和暴动的煽动者，在古代就已声名远扬，其影响力早已超越竞技场，触及整个罗马帝国，包括北欧地区。他们的功绩不仅出现在私人多姆斯的镶嵌画、壁画和饰品上，也出现在公共场所。个性迥异的角斗士引起的共鸣，及其在罗马社会上演的反叛大戏，为一系列好莱坞电影的诞生提供了素材，例如 2000 年里德利·斯科特导演的电影《角斗士》，以及 10 年后史蒂芬·迪奈特和罗伯特·塔珀特导演的电视剧作品《斯巴达克斯》。

然而，人们一度很难想象，这些古罗马角斗士能够在竞技场之外成为中心人物。这种荣光就像一枚硬币的两面：一方面，角斗士代表随时准备赴死的英勇之士；另一方面，这些人实际上是战俘，为了自己活命而被迫杀死对手，他们唯一的目标就是娱乐大众和他们的主人。他们被主人像动物一样对待，只有赢得重大胜利才能获得尊重，甚至是自由。

角斗士是女性的梦中情人，后来在罗马帝国，乃至整个地中海范围内，都受到赞颂和爱戴，一些近期出土的文物证明了这一点。例如，1961 年，在奥古斯都·劳里克殖民地（位于今天的瑞士境

图47　庞贝人与诺切拉人的冲突，壁画，那不勒斯国家考古博物馆

内）第30号因苏拉[1]的列柱中庭上，人们发现了一幅镶嵌画，上面描绘了一些角斗士形象，可追溯至公元200年；还有约克的角斗士墓地，或更加著名的以弗所墓地。

---

[1]　古罗马的多层公寓。——译者注

角斗士是娱乐和表演正常运转不可或缺的元素，而他们的名声需要从竞技场中获得。说到最著名的竞技场，绝对非罗马斗兽场莫属，这里是众多角斗士一战成名的地方。

现在，请闭上眼睛，试着想象当角斗士走进斗兽场的瞬间，无论是在罗马、卡普亚还是波佐利，当5万人的欢呼声响起，这对他们来说意味着什么。请再试着想象，出场前的角斗士会想些什么？他会不会想到他的家乡，他的童年，他爱的人，即将开始的战斗的意义，以及他的结局……

许多人试图研究角斗士，但科学研究却无法呈现他们的个性，因为缺乏证据和对照。我们喜欢讲述角斗士的事迹，这些故事让我们更加了解古人，而且从很多角度来看，古代的角斗士与今天的运动员十分相似，尤其让人联想到足球运动员与球迷的关系。

本章的主角正是一座古代竞技场，它出现在一幅著名壁画中，题为《庞贝人与诺切拉人的冲突》，1869年在"庞贝竞技场冲突之家"的列柱中庭上被发现。壁画消除了千年的时空距离，拉近了我们与罗马帝国竞技场现场观众的距离。该壁画属于庞贝第四风格，描绘了公元59年在庞贝竞技场上发生的"世纪冲突"。这场冲突发生于竞技比赛之时，涉及两方竞技迷。画面真实还原了竞技场的构造，描绘了场外耸立的城墙和架着遮光纱幕的塔楼。作品注重运用写实手法描绘细节，但人物形象缺乏透视，画中处于不同空间位置的人物均被描绘成同等大小。此外，画面采用了鸟瞰视角展示竞技场中发生的一切，这种手法一方面呼应了罗马的大众艺术，另一方面则让人想到古罗马的纪功柱和凯旋画，但这些作品流传至今的已经很少了。

公元 59 年的这场冲突留下了深远影响，许多古代历史学家和作家都曾提及此事，其中就包括塔西佗，他在其《编年史》中记录了这场以悲剧收场的冲突："就像在小城市中经常上演的戏码，观众互相嘲讽辱骂，而后开始互掷石头，直至最后刀剑相向。因为表演在庞贝举行，主场竞技迷人数更多，更占优势，许多来自诺切拉的竞技迷伤痕累累回到家中，还有许多人为死去的亲人哭泣。"这场冲突的起因，很有可能是庞贝人对诺切拉成为尼禄的新殖民地一事不满，因为他们一直想得到这块土地。此外，这场冲突可能受到了活动组织者利维内约·雷戈洛的挑唆，他想鼓动群众把事情闹大，从而把问题传导至罗马。

这场冲突并未悄无声息地收场，而是导致了尼禄的介入，他决定采取一系列惩罚措施。尼禄流放了利维内约·雷戈洛和所有引起冲突的人，并宣布关闭竞技场 10 年，后来可能因为尼禄妻子波培娅求情，关闭时间被缩短为 2 年。这场冲突的影响持续多年，甚至几个世纪，是历史上最有悖体育精神的事件之一。然而，人们并非总能吸取过去的教训，因此类似事件总会时不时重演。

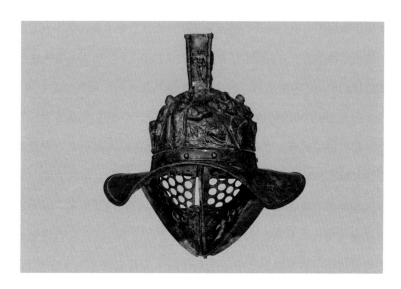

图 48　穆尔米略角斗士铜质头盔，庞贝，公元 1 世纪下半叶，

那不勒斯国家考古博物馆

　　时间过去了 1926 年，在布鲁塞尔的博杜安国王体育场，爆发了一场激烈的冲突，也注定被载入历史。1985 年 5 月 29 日，在欧洲冠军杯的决赛上，米歇尔·普拉蒂尼带领的尤文图斯气势如虹，决心赢下队史上第一座冠军奖杯。他们的对手是肯尼·达格利什领衔的利物浦，一同到来的还有狂热的足球流氓。尽管比利时的组织方预料到了突发事件和各种混乱局面，并将两队球迷安排到观众席的不同区域，但 Z 区中立区中的尤文图斯球迷与利物浦球迷仅相隔一张金属网，且只有 5 名工作人员维护秩序。19：20 前后，也就是

比赛开始前的一小时，V 区的一队足球流氓闯入了 Z 区，尤文图斯球迷被迫逃离，希望在球场中找到一条出路，但警察对他们也同样棍棒相向。几分钟后，该区域观众席底部的一面墙因承受不住所有人的重量而倒塌，混乱就此发生：一些人摔倒，一些人被踩踏，还有一些人得以逃生。最后的结局十分惨痛：共有 39 人死亡，除 4 个比利时人、2 个法国人和 1 个爱尔兰人外，其余全部都是意大利人。但更令人震惊的是，为了避免后续的影响和冲突，比赛在紧张的氛围中照常开始了。此次事件是足球史乃至体育史上最黑暗的一页。

欧洲足联很快采取了处罚措施，宣布无限期禁止英国球队参加欧洲赛事，而利物浦则被禁赛 3 个赛季。

在禁赛处罚解除前一年，一场更加惨烈的踩踏事件震惊了英国体育界。这场事故发生在希尔斯堡球场，时间是 1989 年 4 月 15 日，英格兰足球杯利物浦对战诺丁汉森林比赛开始之前。悲剧由错误的观众分区导致：分区不仅没有考虑到球迷数量，也没有考虑到在利物浦球迷中蔓延的紧张氛围——他们为观看自己球队的比赛已等待太久。在比赛开始前的几分钟，场馆外仍有许多等待入场的球迷，组织者和警察决定打开 C 区大门。此时，球迷疯了似的冲进球场，通道瞬间被挤得水泄不通，球迷互相推搡踩踏。而在球场的另一边，没有人意识到正在发生什么，比赛哨声正常吹响。共有 96 人在事故中遇难,该事件成为英国体育界最大的悲剧。

体育运动的出现很可能是为了拉近人与人之间的距离,而非加深彼此的隔阂。从庞贝人和诺切拉人冲突的时代开始,体育运动一方面代表宣泄的出口和代代相传的激情,另一方面也成为激化政治、文化和社会矛盾的催化剂,而夹在中间的,则是无数无辜之人。

如果人类不能吸取过去的教训,无法摆脱对愤怒、恐惧或无知的控制,那将永远没有一劳永逸的解决措施,无论是欧洲足联的禁令,还是尼禄皇帝的惩罚措施。

火
山

25

只需抬起头,我们便可看见头顶雄伟的维苏威火山——那不勒斯天际线当之无愧的主角。在漫长的时间长河中,维苏威火山用一次次猛烈的爆发,塑造了这片土地的样貌,也带来了新的神话和传说。

传说火山爆发代表了神的意志,公元 79 年庞贝和埃尔科拉诺被火山爆发吞噬后,这种说法变得更有市场。基督教诞生后,这种认识得到进一步巩固。人们相信,维苏威火山是地狱的入口,火山爆发是上帝对信仰异教和荒淫生活的惩罚。莱奥帕尔迪在《金雀花》中把维苏威火山称为"终结者",堪比能够毁灭一切的神。

从这一传说衍生出了那不勒斯最具代表性的面具——普尔奇内拉(Pulcinella)的故事。传说,两位女巫请求住在维苏威火山的冥王普鲁托赐予她们一个救星,以匡扶正义。于是,一颗神奇的蛋出现在维苏威火山口,孵化出了普尔奇内拉。有人认为,这个词出现于 14 世纪,用来指代不务正业、无所事事之人。而普尔奇内拉也的确如此,他总是笑着解决(或回避)问题,嘲弄权贵。但根据另一种说法,普尔奇内拉起源于 16 世纪中期的喜剧艺术,指的是演员西尔维奥·菲奥里洛。这个名称可能派生自"小鸡仔"(pulcinello)一词,或来源于阿切拉一位名叫普乔·达尼埃洛的农民。据说,菲奥里洛正是从他身上获得了灵感。

图 49　巴克斯与维苏威火山，壁画，那不勒斯国家考古博物馆

在对抗维苏威火山威胁的英雄中，有两个人不得不提，他们是"魔法师"维尔吉利奥和那不勒斯保护神圣真纳罗。根据中世纪的传说，维尔吉利奥以自己为原型，建造了一座青铜雕像。雕像人物张弓搭箭，瞄准火山的方向，阻止了火山再次爆发。圣真纳罗又被称为"世俗圣人"，他的神迹发生于1631年，这一年，维苏威火山在沉睡了5个世纪后重新苏醒。当时，当地居民被恐惧笼罩，他们决定带着圣真纳罗的塑像向维苏威火山进发，喷涌的火山终于得以平息。据说，云端浮现了圣真纳罗的形象，阻止了岩浆的蔓延。

但这种自然现象的魅力，远大于它带给人们的恐惧。弥漫着泥土和硫黄味道的空气，加上介于生与死之间的紧张氛围，让维苏威火山从17世纪起，就成为一众游客的朝圣之地。例如，欧洲的年轻贵族为增长学识，拓宽眼界，前往意大利开展"壮游"，维苏威就是重要的一站。时至今日，仍有无数当地人、外国人和游客跋涉4千米，到达距离海平面1170米的火山锥。这并非难事，所有人都可以做到。

在庞贝百年之家的家神龛内，人们发现了一幅壁画，其主题正是维苏威火山。这幅壁画可追溯至公元68—79年，也就是火山爆发之前。画中的酒神巴克斯左手拿着酒神杖，上面装饰着松果和葡萄叶；右手倒拿着一个双柄高脚杯[1]，杯中的液体洒向了脚边的

---

[1] 即康塔罗斯杯（kántharos），在那不勒斯方言中指夜壶。

豹子。画面上方有一个带飘带的花环，上面立着一只鸟；画面底部有一条象征吉兆的蛇，它是仁爱之神阿伽忒俄斯的化身，在一簇爱神木中向着祭坛蜿蜒前进。祭坛中央则立着一颗蛋。有人认为，画中的山可能是巴克斯的故乡——尼萨山。

这幅壁画想要把这片适于种植葡萄的肥沃土地与酒神的琼浆联系起来。早在罗马时期，诗人就对坎帕尼亚大区出产的红酒，例如著名的法莱尔诺酒大加赞赏。随着基督教的普及，葡萄酒也受到教徒的喜爱，因为红酒成为耶稣之血的象征。

除了维苏威火山，矗立在地中海之中的还有埃特纳火山，这座活火山主宰卡塔尼亚平原已近 3000 年之久。根据民间传说，埃特纳火山是关押风神埃俄罗斯和巨人堤福俄斯的地方，也是锻造之神赫菲斯托斯的锻炉，独眼巨人在此为宙斯锻造雷电。此外，它还是通往地狱的入口，是许多真实存在的人物死去的地方。例如，在探寻火山口奥秘时，不慎跌入的恩培多克勒；又比如因与恶魔签订契约，死后葬身于此的女王伊丽莎白一世[1]。

像维苏威火山一样，埃特纳火山也曾被圣人平息。公元 252 年，埃特纳火山爆发，人们披着殉道女西西里的佳德的头纱，以祈

---

[1] 英国女王伊丽莎白一世与埃特纳的渊源来自一个民间故事。传说，为了能够长期统治英国，女王与魔鬼达成了协议。魔鬼信守了承诺，当女王死后，他将女王的遗体扔下了"地狱的前厅"——埃特纳火山。——译者注

图50 维苏威火山，安迪·沃霍尔， ⓒ Mondadori Portfolio/Electa/Sergio

Anelli-ⓒ The Andy Warhol Foundation for the Visual Arts Inc

求她的帮助。结果，不仅火山停止爆发，连头纱也被染上了血红的颜色。

另外一座值得一提的火山是圣托里尼火山，它位于爱琴海近海同名的岛屿之上。公元前1450年前后，这座火山发生了一次猛烈的爆发，其威力是1883年喀拉喀托火山爆发的四倍，导致今天的圣托里尼岛只有原来的一半大小。据说，这次火山爆发正是克里特文明衰落的原因[1]。

冰岛的斯奈菲尔火山同样让人印象深刻，从这里可以通往儒勒·凡尔纳笔下的地球中心。此外，还有坦桑尼亚的乞力马扎罗山，高达5895米，是地球上最高的火山之一，其名字意为"光明的山"，山顶常年积雪，十分迷人。关于乞力马扎罗山最著名的传说，出现在海明威的《乞力马扎罗的雪》和后来格里高利·派克主演的同名电影中。在故事中，一只羚羊被豹子追逐了三天，此时已筋疲力尽，几近绝望。羚羊向山顶的恩盖神祈求庇护，神听到了祈求，杀死了豹子——它的尸体依然留在死去的地方。此外，所罗门国王与萨巴女王的儿子孟尼利克故事也很出名。孟尼利克从埃塞俄比亚出发征战，到达坦桑尼亚后，发现了高大的乞力马扎罗山，决定选择此地作为生命的终点。在士兵的陪同下，他到达了山顶的雪线。之后，他独自一人继续前行，最终死在了为他量身定制的王座上，与神比肩。

让我们用富士山来结束本章对诸神之家——火山的回顾。由于语言的模糊性，我们不知道富士山是一个神，还是一个神居住的地方，又或者是多个神居住的地方。根据其他词源学说法，"富士山"

---

[1]　如果亚特兰蒂斯对应弥诺斯文明，则其也是亚特兰蒂斯毁灭的原因。

意为"无与伦比"，或"硕大无朋"。登上富士山的山顶，能够欣赏到令人窒息的美景，但最不可思议的体验还要属观赏日出。攀登富士山的路非常长，比登上维苏威火山更艰难，但下山的路却很轻松，仿佛能让人"飞"起来一般，人们可以在沙质火山灰上蹦高跳远。

对于居住在火山坡附近的居民而言，人与自然的关系是微妙的。火山区土地肥沃，富含矿产，从未被视作单纯的威胁，因为人们总是有能力创造出保护自己的神、圣人和魔法师。当然，守护人们的甚至也可能是机器人，例如在富士山上空不断飞行巡逻的魔神。

26

权力之岛

　　站在维苏威火山山顶望向大海，我们会看到一个轮廓形似女人的绝美岛屿——卡普里岛。

塞劳在他的《那不勒斯传说》一书中，讲述了一个莎士比亚戏剧般的故事，主角正是维苏威与卡普里。在那不勒斯，有一个名叫维苏威的贵族，他的家族是城市贵族议会最早的成员之一。维苏威爱上了一位名叫卡普里的姑娘，她美艳动人，身材婀娜，双眸湛蓝如海水一般。他们的爱情既炽热如火，又委婉细腻，既强烈坚韧，又脆弱敏感。但是两个年轻人无法将恋情公之于世，因为两个家族有世仇，一直刀剑相向。于是，他们只能默默向彼此许下永恒的誓言。然而，两人的恋情终究还是暴露了。卡普里祈求家族给予祝福，并允许他们结婚，却无济于事。绝望的卡普里最终投海自尽，之后一座色彩斑斓的岛屿从海底升起。另外一边，维苏威则在叹息与泪水中度过余生。他的气息是如此灼热，眼泪也如火焰一般，最终化身为今天的维苏威火山。这个传说显然是罗密欧与朱丽叶故事的翻版，故事的悲剧性在于，时至今日，维苏威和卡普里依然只能隔海相望。

图 51 提比略铜像，那不勒斯国家考古博物馆

　　抛开爱情故事,卡普里(Capri)的词源不难推测,它派生自拉丁语"Caprae"(山羊),这表明在旧石器时代就已经有人在此居住。当时,卡普里还是陆地的一部分。卡普里先后被希腊和罗马占领,西罗马帝国灭亡后,它成为那不勒斯公国的一部分。此后,卡普里依旧战乱不断。直到 17 世纪,在波旁家族统治下,这座岛屿才迎来一段黄金发展期,一批令人称羡的教堂和精美建筑拔地而起。18 世纪中后期,卡普里成为"壮游"的目的地,高端的旅游业随之发展起来。岛上的奎西萨那酒店吸引了一众王室成员、贵族、政治家、企业家和文学家。岛上发现蓝洞之后,卡普里摆脱了疟疾盛行的坏名声。从考古学家阿梅代奥·马尤里、托马斯·曼、库尔齐奥·马拉巴特和巴勃罗·聂鲁达,到今天的詹妮弗·洛佩兹、碧昂丝、莱昂纳多·迪卡普里奥和马修·麦康纳,无数名人为之深深着迷。

　　岛上居住的第一位名人是罗马皇帝提比略,他是提比略·克劳狄乌斯·尼禄和莉薇娅·杜路莎的儿子,在屋大维·奥古斯都的家中,与哥哥尼禄·杜路莎一起长大。公元前 20—前 6 年,他通过一系列战役,巩固了罗马帝国的北方领土,凭借卓越才能让自己被载入史册。提比略是一位饱受争议的皇帝,同时代的许多史学家认为他是一个暴君,手段残忍,肆无忌惮且反复无常。但信史却将其描述为一位喜欢独处、散步,不喜欢组织节日和聚会的人。根据史学家苏埃托尼乌斯的说法,提比略因提倡节约,反对持续扩张,与元老院关系紧张。也许正是因为各种敌意和不满，提比略才选择搬到远离政治纷扰的卡普里岛，但这并未妨碍他在公元 27—37 年在此地继续执掌大权。

他选择朱庇特别墅作为行宫，委托建筑师将其按照皇家规格改造。为了解决饮用水难以到达山顶别墅的问题，建筑师建造了一些用于储存雨水的蓄水池。别墅建在蓄水池周边，占地约 7000 平方米，配有花园、阳台和宁芙神庙。整体建筑为多层方形结构，平分为南北两个部分，北部是皇帝的寝宫，南部是奴隶的住所及温泉区，包括更衣室、冷水浴室、温水浴室和热水浴室。行宫以北，"提比略峭壁"耸立海上，高约 300 米。据说，过去被皇帝定罪的人，会从这里被扔下去。如今，此地被永援圣母教堂占据，附近原本还耸立着一座灯塔，后来毁于一场地震。

1741 年，人们发现了一座价值连城的提比略铜像。至于出土地点，有人认为是埃尔科拉诺的剧场，也有人认为是当地的教堂。铜像现藏于那不勒斯国家考古博物馆，塑造了身穿大祭司服饰的提比略皇帝。他从头到脚披着斗篷，只露出了右臂和双脚。雕塑参照的原型是利嘉娜道上的奥古斯都像，后者想要诠释的是"忠诚与担当"（pietas）——这种理念受到奥古斯都的大加推崇，也受到其宫廷诗人的颂扬。

从提比略时代起，卡普里岛就是政治阴谋的策源地，是一个名副其实的"权力之岛"。不仅如此，卡普里岛还是革命的摇篮，是"沙皇被将军"[1] 的地方。列宁、波格丹诺夫和高尔基三人在卡普里会面，对俄国的政治前途起到了决定性作用。高尔基被流放到卡普里岛后，身边聚集了一批知识分子，他们志在培养新一代革命者，并建立了"卡普里学院"。他邀请列宁与作家、民主社会党人波格丹诺夫到他的公寓会面，三人整日散步，反思政局，切磋棋艺，国际象棋因此成为卡普里的传统之一。2015 年，第一届列宁杯国际象棋锦标赛在卡普里举行。

然而，俄国与那不勒斯的渊源可追溯至更早的时期。1779 年，那不勒斯国王斐迪南四世召集了一批外交家，以商讨摆脱西班牙统治的方案。从那时起，两地就注定要联系在一起。尼古拉一世[2] 频繁造访那不勒斯，使两地的友谊不断巩固。据说他爱上了意大利南方，尤其是那不勒斯。斐迪南二世热情接待了尼古拉一世，而沙皇则复制了尼奇科夫桥上的两座铜马雕像，将其作为赠礼。时至今日，这两座铜马仍竖立在那不勒斯王宫的入口处，背靠新堡。铜像的运输委托给了普罗奇达岛一位航海技术高超的著名水手，他将铜像从圣彼得堡一直运送到了那不勒斯的港口。

---

[1] 《沙皇被将军》（*Scacco allo zar*）是真纳罗·桑久利亚诺（Gennaro Sangiuliano）著作的书名。

[2] 俄罗斯罗曼诺夫王朝第十五位沙皇。——译者注

图 52 头戴月桂冠的提比略，大理石半身像，那不勒斯国家考古博物馆

沙皇带来了礼物，当然得到了回赠的丰厚大礼。他派遣宫中的科学家和技术人员，前往那不勒斯当时的行业龙头——彼得拉尔萨铁路工厂学习，并真实地复制了工厂车型。不仅如此，斐迪南二世还委托绘制了一幅他的画像，如今摆放在那不勒斯王宫内。

那不勒斯建筑师卡洛·罗西也见证了两地关系的发展。他在前往俄国后，更名为卡尔·伊万诺维奇。他按照波旁时代那不勒斯新古典风格，重新设计了当时俄国的首都。罗西最具代表性的作品无疑是亚历山大剧院，其外形酷似那不勒斯圣卡洛剧院。此外，那不勒斯的音乐家也加强了两地的文化联系。乔瓦尼·帕伊谢洛在叶卡捷琳娜一世宫廷度过了自己大部分的职业生涯，而爱德华多·迪·卡普亚在旅俄期间因思乡情切，创作出了那不勒斯世界名曲《我的太阳》。

卡普里岛最大的成就之一在于，它促成了伟大人物的会面，以及新思想的发展。另一方面，这似乎是这座岛屿的宿命——招待宾客，展示魅力，传递思想，让人着迷，与她女性形象的隐喻十分契合。

27

我是芭比女孩

现在让我们回到陆地,来到大希腊最古老,同时也是距离母邦最遥远的殖民地之一——库迈。这座城市由埃维亚岛的哈尔基斯人于公元前8世纪建立,许多考古发掘的遗址和文物都证明了古希腊的影响。例如,当地发现的墓葬为我们展示了用于成人的火葬习俗,以及用于儿童和青少年的土葬习俗。此外,当地还发现了赫拉神庙、阿波罗神庙和朱庇特神庙,最后一座神庙后来被改造成了基督教教堂。

当地最重要的考古发现无疑是库迈女先知西比拉的洞穴,埃涅阿斯正是在此地得到了女祭司的神谕[1]。在古代世界,库迈女先知是最著名、受人祭拜最多的女先知之一,仅次于德尔斐女先知。传说,阿波罗爱上了一位名叫西比拉的美丽姑娘,不惜一切想要得到她,让她成为自己的女祭司,并许诺有求必应。西比拉希望自己可以永生,却忘记要求永葆青春。就这样,她越来越老,身体也变得越来越小,直到消失不见,只留下了声音。

---

[1] 故事出自《埃涅阿斯纪》,埃涅阿斯受亡父托梦,到阿波罗神庙寻找精于预言的女祭司,后者向他启示了未来的苦难,并引导他去探访冥界。——译者注

图 53　可拆卸陶土娃娃模型，圣安杰洛收藏，公元前 5 世纪，

那不勒斯国家考古博物馆

公元 5 世纪，在数次抵御伊特鲁里亚人和奥伦奇人的攻击后，库迈先后被萨莫奈人和罗马帝国占领。库迈人被罗马帝国授予了公民身份，但不享有选举权。在第二次布匿战争期间，库迈人始终对罗马帝国保持忠诚，并于公元前 215 年苦战击败了汉尼拔·巴卡率领的卡普亚军队。此后，库迈远离纷争，成为一片净土，与古波佐利形成鲜明对比。后来，库迈因出现大片沼泽地而被逐渐遗弃。然而，人们对古城的记忆仍然鲜活，并对此地产生了浓厚的考古兴趣。早在 17 世纪初，人们就在该地开展了一系列考古发掘活动，并对土地进行改良。当时，库迈出土了足足 13 座大理石雕塑、两座大理石浅浮雕和一座大型朱庇特雕像，后者现藏于那不勒斯国家考古博物馆。

在庞贝和维苏威附近的考古遗址出土后，库迈再次被抛弃。后来，在费迪南多二世的弟弟利奥波多的推动下，库迈才重新进入人们的视野。利奥波多决定将库迈的考古发掘工作，委托给当时著名的考古学家埃米利奥·史蒂文斯，后面我们会看到这位重要人物的贡献。

20 世纪初，考古学家阿梅代奥·马尤里和维托里奥·斯皮纳佐拉有了新的考古发现，找到了阿波罗神庙、朱庇特神庙、西比拉洞穴和古罗马地下隧道。20 世纪末，库迈出土了一座伊西斯神庙，建于伊西斯崇拜在坎帕尼亚快速传播的时期。

埃米利奥·史蒂文斯 1843 年生于普利亚，父母都是外国人，他曾在巴黎学习人文学科和古代历史。父亲死后，他放弃了家乡里波利提供的英国荣誉副领事的工作，来到那不勒斯管理家族产业。1874 年，他认识了那不勒斯贵妇阿马利娅·焦尔达诺。在她的引导下，史蒂文斯领略到了库迈的魅力，并深深为之着迷。此后，他一直致力于让这座被遗忘的城市重新回到人们的视野。1878 年，史蒂文斯受利奥波多委托，开始自费进行考古发掘。到 1893 年工作收尾时，他已收集了大量文物。他的孙子继承了这些文物，并将其上交给了那不勒斯国家考古博物馆。史蒂文斯不仅丰富了库迈的墓葬考古发现，还找到了一件具有重大象征意义的文物——一个关节可以活动的娃娃。这件文物很可能是女童或少女墓中的装饰品，因为按照古代的习俗，女孩在结婚之前都可以玩娃娃。在童年结束后，女孩必须举行一项特别的仪式——放弃自己所有的玩具，将其交给神。我们没有在这里放上残缺的库迈娃娃图片，而是展示了另一个相似的陶土娃娃。该文物出处不明，现藏于那不勒斯国家考古博物馆。

从古至今，娃娃一直是女孩钟爱的玩具。早在古埃及时期，娃娃就是最受欢迎的玩具之一：一些娃娃样品正是在公元前 2000 年的古埃及墓葬中发现的。当时的娃娃由陶土或布料制成，而希腊的娃娃还有活动的关节，方便在损坏时替换部件。

图 54 刻有未被神的气息唤起的普罗米修斯的石棺，

波佐利，公元 4 世纪，那不勒斯国家考古博物馆

　　除去纯粹的娱乐功能，娃娃还有为小主人"树立榜样"的用途。不同于今天以孩童形象出现的玩偶，古代的娃娃都是年轻的女性形象，并且通常是一位女神，主要原因就在于，娃娃是"榜样"的化身。

　　除了库迈，古罗马的墓葬里也曾出土过用木头、骨头或象牙制成的娃娃，其中最著名的一个娃娃出土于克莱佩雷娅·特里菲娜的墓中，现藏于罗马卡比托利欧博物馆。特里菲娜是一个大约 18 岁的女孩，很可能是在结婚之前去世的，陪葬的娃娃证实了这一点：首先，女孩没来得及举行仪式告别自己的玩具；其次，将娃娃和处女葬在一起，是当时非常普遍的习俗。

如果说有一款娃娃与古代的娃娃联系紧密，那一定就是芭比了。美泰公司的芭比娃娃于 1959 年上市，如今已是全球销量最高的娃娃。芭比的创意来自美国女企业家、波兰移民后裔露丝·汉德勒。她注意到，在女儿和纸糊的娃娃玩耍时，娃娃经常扮演成年人的角色。因此，她向丈夫，同时也是美泰公司联合创始人建议，设计一款外表更为成熟的娃娃，就这样在无意间回归了古代的传统。

1959 年，第一款芭比上市。这款以露丝的女儿芭芭拉命名的芭比身穿黑白条纹泳衣，有着白皙的皮肤和扎成马尾的黑色长发。上市的第一年，就售出了近 35 万件。据估计，截至目前，在全球 150 个国家至少出售了 10 亿个芭比娃娃。

芭比是唯一一个有着明确身份的娃娃：她名叫芭芭拉·米莉森特·罗伯茨，来自威斯康星州，有家人、未婚夫和来自不同国家的朋友。从这个角度看，任何一个古代的女神娃娃都无法与之媲美。芭比无所不能，也确实将能做的都做了个遍：从柳树高中毕业后，她学会了 50 种语言，搬过无数次家，尝试了各种不同的职业。她养过大约 40 只宠物，还拥有敞篷车、房车和飞机。她还参演了众多电影，为许多艺术家提供了灵感，包括安迪·沃霍尔和水叮当乐队，后者通过戏仿芭比，创作出了 20 世纪 90 年代的大热金曲《芭比女孩》。2019 年，在芭比诞生 70 周年之际，她甚至摇身一变，成了宇航员，其原型是萨曼塔·克里斯托弗雷蒂[1]。

2003 年，芭比因有悖伊斯兰教传统，被沙特阿拉伯禁售。这是历史上第一次，一个玩具同时兼具社会、政治、文化和宗教意义。

模仿芭比的产品不在少数，包括布拉茨娃娃——一种经常以时尚少女形象出现的大头娃娃，但这丝毫无法动摇芭比的地位。

库迈娃娃的小主人当然想象不到，娃娃的经历会如此辉煌。在这样一个无害的玩具身上，也许她曾梦想自己是一个公主、一位母亲或一名女英雄。古往今来，世界各地所有的女孩皆是如此。

从本质上讲，女孩是娃娃的灵魂，而没有灵魂的娃娃只不过是个玩偶。这就像那不勒斯国家考古博物馆一座石棺上的普罗米修斯，在未被神的气息唤起之前，他拥有的只不过是一具软弱无力的躯体。

---

[1] 意大利首位女性宇航员。——译者注

飞
向
未
来

28

本章伊始,让我们前往罗马帝国的一座重要城市,坎帕尼亚大区的首府——卡普亚。

━━ 件伊特鲁里亚风格的铜质小推车,把古卡普亚与我们后文要讲述的内容联系在了一起。这件文物可追溯至公元前8世纪末至前7世纪初,用途和产地都不明。但与其他相近小车类似,都具备祭祀功能,即用于摆放还愿贡品,或当作香炉使用。小推车上半部分是一个圆柱形容器,上下均有环形装饰;容器下面有四条腿支撑,由两根轮轴连接,每端有一个轮子;容器上配有盖子,上面立着四只飞鸟。鸟首是伊特鲁里亚艺术中十分常见的元素,微兰诺威[1]出土了大量铁器时代的文物,为我们展示了一种鸟元素的布局模板,即成对出现,按相反方向排列。这种设计可能参照了太阳船,这种船的船头有两只海鸟,背对背站立。坎帕尼亚的金属工艺中经常出现单独或成对的鸟,这源自具有独特"鸟占"(ornitoman-zia)传统的伊特鲁里亚宗教。所谓"鸟占",就是一种根据鸟的飞行动作进行占卜的古老习俗。卡普亚的起源传说同样与鸟有关。据说,人们从一只隼的动作中观察到了吉兆,于是建立了卡普亚

---

[1] 微兰诺威文化(Villanovan culture),也译作维兰诺瓦文化,是意大利中北部最早的铁器时代文化。微兰诺威文化后来受到了来自希腊的强烈影响,并最终被伊特鲁里亚文明所同化。——译者注

（Capua），而"隼"的伊特鲁里亚语名称正是"Capys"。

图 55　顶端有飞禽的铜质小推车，伊特鲁里亚手工艺品，那不勒斯国家考古博物馆

再往前追溯,我们会发现,早在史前时期,古人就通过观察鸟类飞行,获取对日常生活十分重要的信息。例如,人们凝望天空,等待鸟儿飞过,以观测季节更替和特定的气候现象。人们有时也用这种方式来估算时间,可以说鸟儿就是古代的时钟。鸟儿属于天空,而天空又是神的居所,因而鸟儿属于"神的国度",重要性不言而喻。古时人们相信,通过观察鸟的行为,可以解读神的意愿。许多文明都发明了解译手册,用以解读鸟群飞行背后的信息和预兆,这并非巧合。随着观鸟占卜逐渐流行,人们意识到,为了解释鸟类行动与人类活动之间的联系,需要创造一个萨满的形象。

真正的鸟占基于特殊需求,并需要更为复杂的解读系统,除飞行姿态外,鸟的起飞动作、飞行方向、种类和叫声都是解读的对象。

鸟占在古希腊及其文学作品中十分普遍,《奥德赛》中也有相关描述:意大利的天空上,一只翱翔的雄鹰向右飞转三次,爪子抓着一只死了的母鸽,带来了奥德修斯抵达和珀涅罗珀的追求者已死的消息。然而,直到罗马帝国时期,鸟占才迎来发展巅峰,成为真正的国教。占卜仪式由专门的祭司主持,鸟的飞行状况决定了神是否允许国家采取某项行动。总之,鸟占成为公众、政治、军事以及个人生活的基本组成部分。出兵征战前,观察鸡进食状态的做法十分普遍:如果鸡的胃口很好,军事活动就会取得理想结果;如果鸡毫无兴致，那就应该选择另一种策略，或直接撤军。

罗马建城的传说也体现了鸟占在罗马帝国时期的重要地位。故事中，鸟占深刻影响了罗马的建立。古罗马历史学家蒂托·李维在《罗马自建城以来的历史》一书中记述了这个故事：罗慕路斯与雷穆斯两兄弟想要借助鸟占来决定由谁来建立新城市，以及用谁的名字来命名，实际上就是要争夺王位。雷穆斯率先观测到了 6 只秃鹫，罗慕路斯而后观测到了 12 只。如此一来，两兄弟起了争执：雷穆斯认为，应按照观测顺序决定，而罗慕路斯则认为，应该按照观测数量决定。也许很多人会疑惑，为什么是秃鹫？这一点直到今天仍然很难解释，但考虑到故事的结局和雷穆斯之死，我们能确定其中一定有深意——秃鹫天性喜爱腐尸，所以出现在故事中并非偶然。

在这本讲述罗马自建立以来的历史书中，还有另一段关于鸟占的故事，与罗马王政时期的第五位国王塔奎尼乌斯·布里斯库斯有关。当年，他与伴侣塔纳奎拉乘坐骡车，从塔尔奎尼亚来到罗马。在描述这段旅程时，李维讲述了一个特别的故事。当两人乘车前进时，一只鹰飞到未来国王的头顶上，叼走了他的毡帽，然后飞走了。接着，这只鹰再次飞下来，将毡帽重新放到塔奎尼乌斯的头上，之后又飞走了。塔纳奎拉像许多伊特鲁里亚人一样，是个鸟占专家。根据她的解读，鹰的行为预示自己的丈夫未来会成为国王。不仅如此，她进一步解读了鹰的飞行方向和高度、来的地方和去的方向、叼走的东西和放回的地方，而这一切都明确表明了天意。

然而，并非所有人都相信鸟占。西塞罗是对鸟占批评最为激烈的人物之一，在《论占卜》一书中，他认为鸟占是人为的，建立在猜想的基础上，而这种猜想源自一种复杂但毫无根据的观测方法。在这位罗马雄辩家看来，自然界不存在决定鸟类飞行方向的法则，鸟类也不会为了传递信号或警告，以某种特殊的方式飞行。西塞罗的众多批判对象还包括鸡鸣，这一现象通常被解读为胜利的前兆。

然而，在伊特鲁里亚文化中，观察鸟类及其飞行姿态的情况与日俱增，以至于逐渐成为宗教艺术中不可或缺的元素，正如我们的铜制小推车展示的那样。值得一提的是，伊特鲁里亚艺术涉及的鸟类还包括一些我们今天不认识的品种。

从概念上来看，鸟占出现在伊特鲁里亚文学中，更准确地说是圣书《礼仪书》中，该书涉及宗教仪式的不同环节，以及各种情境下的占卜，包括建城、战争或和平、预测人或国家的寿命等。前几卷包括"闪电占卜"（Fulgurales）和"肝脏占卜"（Aruspicini），由"世间"（Fatales）、"阴间"（Acheruntici）、"占卜"（Ostentari）三部分组成，后者专门解读征兆。得益于伊特鲁里亚祭司的不断努力，新的解读越来越多，内容越来越丰富。此外，有一些章节专门讲到了鸟类飞行，书中不仅指出了观察要遵守的规则，还制定了用于解释和分类的术语。以塔奎尼乌斯毡帽与老鹰的故事为例，由于这是个偶然事件，并非出现在仪式中，因此书中将其归类为"预兆"（auspicium）。

有一些鸟类被认为尤其重要，因此人们对其行为的观察也就更加细致，古罗马和古希腊的文献中都曾提到的啄木鸟就属于这一类。啄木鸟通过有节奏地敲击树干与同伴交流，这也是它们圈定领地以及在交尾期吸引雌性的方式。随着基督教的传播，啄木鸟经历了"黑化"的过程，甚至被比作恶魔，成为邪教和诱惑的象征，腐蚀信仰和人性。啄木鸟是马尔斯的圣物，并被用于占卜。在马库斯·特伦提乌斯·瓦罗的书中，陶拉古城的马尔斯神庙正是用啄木鸟来传达神谕的。

燕子同样获得了很多关注。老普林尼在《自然史》的第十卷中提到了燕子：这种飞禽没有捕捉猎物的利爪，是春天到来的象征。此外，燕子比其他鸟类更能准确地预示暴雨将至，这是因为受气压影响，飞虫不得不低飞，以寻找更加适宜的温度，因此燕子为了捕食也必须贴地飞行。一则罗马帝国初期传说的主角正是燕子，故事讲述了沃尔泰拉一位名叫切伊科纳的马场主的故事，他在驾着四马双轮车去首都参加马克西穆斯竞技场比赛时，随身携带了一些燕子，用来通知家人比赛结果。比赛一结束，他就放飞了燕子，因为他相信燕子会马上回巢，这样他就能通过绑在燕子脚上的纸条（绿色代表胜利，红色代表失败），把消息带回家。在这个故事中，燕子的功能和后来的信鸽非常相像。

对伊特鲁里亚人而言，鸟类不仅具有神性，也是日常生活的一部分，在打猎、饲养和饮食中都十分重要。有时，外国使者会送来特殊品种的鸟类作为珍贵的礼物，例如来自波斯和希腊的雉鸡和孔雀。有时鸟类图案也会作为装饰，出现在盔甲或者珍贵的布料上。此外，鸟类还可用于供奉神明，作为"还愿"或请求庇佑家禽家畜时的祭品。

当然，我们所说的是一个和当下完全不同的时代，当时的很多鸟类如今都已经濒危或彻底灭绝了。当时所有关于鸟类的认知，都来自共同的习俗和迷信，或许也得益于绘有特定鸟类图案的器皿和其他物品的出口，其中有一些流进了伊特鲁里亚贵族的住宅里。因为许多文化都钟爱鸟类图案，所以我们很难区分这些图案中哪些是用作鸟占的。

数量众多的文物，尤其是伊特鲁里亚—柯林斯的陶器，为我们展现了一个令人惊异的鸟类世界，无论是数量还是种类，都让人大开眼界。一些古代画师专注画鸟，以至于后世用鸟来代指画师本人。例如，之所以会有"燕画师"这个名号，就是因为这位画师在花瓶上绘制了燕子在树上栖息的情景。

现在，让我们一起来看墓室内的壁画，这些文物能够促进我们进一步思考。尽管这些壁画描绘的是打猎等日常场景，传递的却是更深刻的内涵。这些作品与墓葬有关，因此可以通过两种方式解读。以塔尔奎尼亚的猎人之墓为例，对其解释可以从两个层面展开：首先，表面上看，这是根据订购者要求描绘的经典狩猎场景；更进一步，该作品也凸显了主人的贵族身份——两只振翅的鸟，既代表狩猎的收获，也代表富足。

不得不提的还有韦奥自然公园的鸭子墓，这是目前发现的最古老的墓室，可追溯至公元前 7 世纪。墓室的壁画描绘了一群鸭子，可能是绿头鸭、赤颈鸭或绿翅鸭，这些鸭子雌雄相间，排成一列，反映出当时的风格和特点。

此外，还有 1961 年出土的"公鸡墓室"，可以追溯至公元前 5 世纪末，因其入口墙壁上的两只公鸡画像而得名；以及塔尔奎尼亚的"狩猎捕鱼墓室"，墓内壁画展现了极具生活气息的场景：赤身从峭壁上跃入水中的男人、站在船头的渔夫、划船的夫妇，以及拿着弹弓打鸟的猎人。成为狩猎目标的可能是海鸥，按照颜色划分，有蓝色、红色和白色，作者可能想借此展现鸟的种类丰富。但为什么要选择海鸥？一个看似合理的解释是，这里的确靠近海边，但不合理的地方在于，海鸥肉是出了名的难吃，因此猎人并不会将其作为狩猎的目标。画面中还有两只白天鹅，它们的脖子弯成 S 形，正准备觅食。一些人认为，划船的夫妇与捕鱼的画面是一种隐喻，暗示女人陷入男人的"情网"。

在塔尔奎尼亚"魔术师墓室"的壁画上，我们发现了一对黑色的飞鸟，也许象征着一种无法抵抗的威胁，它们正飞向一棵树，而树下有一个正在解手的男人。这幅画面也许只能解释为有消灾辟邪的作用。在"黑猪墓室"中（可追溯至公元前5世纪中期），我们可以观赏到一些描绘传统伊特鲁里亚宴会的画面，餐桌之下有一些动物，包括一只深色野猪、一只松鸡、两只鸽子、一只形似啄木鸟或乌鸫的黑鸟、一只小鹿和一只猫科动物。画中出现的鸟类也许并非画家随意绘制的。

在伊特鲁里亚武尔奇墓地弗朗索瓦墓室左边大门的门框上，再一次出现了鸟占的场景：在三朵花中间，四只鸽子两两成对，背对背站立，而右边则是三只鸽子和三朵花。作者对灰色的运用和对细节的精细呈现，包括对爪子的描绘和对翅膀深色条纹的刻画，让这些鸟儿栩栩如生。墓葬的一面墙上绘有武尔奇贵族韦尔·萨提斯的画像，他身穿华贵的紫红色衣服，身边是他的仆人（或儿子，根据不同的解读）艾恩兹。画中他正小心地托着一只黑鸟的爪子，鸟被系在一根小绳上，做出起飞的动作。第一眼看上去，这像是一只燕子，因为它有白色的胸脯和分叉的鸟尾。但画中鸟的爪子很长，而燕子不可能有这么长的爪子，因此这更有可能是一只黑啄木鸟，作为对战争到来的预兆。这种占卜方法以及绑着鸟的小绳，让我们马上联想到古罗马时期观察"圣鸡"[1]的场面。

在其他类型的文物中，西图拉瓶[2]同样描绘了鸟占。在博洛尼亚伊特鲁里亚墓地出土的西图拉瓶上部，有一只鸟似乎在率领一支军队；而瓶子下部，另一只鸟飞在一位农民前面，这位农民刚犁完地，一边将锄头扛在肩膀，一边用刺棒赶着牛往家走。在帕多瓦出土的 124 号本韦努蒂西图拉瓶的铜盖上，我们也发现了寓意吉祥的鸟类图案，画中有四只鸟，位于中心圈圈的中央，象征对高贵血统的延续。

另一个同样具有象征意义的典型例子是伊特鲁里亚马车，也被称作"蒙特莱昂内—迪斯波莱托双马双轮车"。车的中央部分绘有阿喀琉斯和忒提斯，二人头顶分别绘有鹰和隼（王权和力量的最高象征），而他们的脚边则绘有一只死去的小鹿。车的左边绘有阿喀琉斯与门农交战的场面，阿喀琉斯的朋友安提洛科斯昏死在地上。画中另一只形似隼的鸟，象征性地盘旋在胜利者的头上：阿喀琉斯用长矛穿透了门农的身体，而隼则从高处冲下来抓住猎物，英雄和捕猎者相互呼应。马车右边，阿喀琉斯坐在由两匹骏马拉着的带翅膀的马车上，接受众神的迎接。同样的，图像中象征物的选择并非

---

[1]　这些"圣鸡"由专门的看护员（pullarii）看管。

[2]　源于拉丁语中的桶或水桶，在考古学和艺术史上是指从铁器时代到中世纪的各种精致的桶形器皿，通常在顶部有一个把手。——译者注

偶然:神话世界中存在许多带翅膀的生物(因不属于鸟类,并非本章叙述的对象),我们应该记住,一旦拥有翅膀,这些生物就被赋予了神性。

魔鬼的世界也与鸟和翅膀有联系,太阳神乌西尔(Usil)就是一个典型的形象。乌西尔与夜莺(usignolo),也就是报晓鸟的词根相同。此外,还有很多神话中的生物拥有翅膀,包括斯芬克斯和狮鹫[1],这些生物多数情况下也具有恶魔的属性。

让我们重新说回鸟占的起源。伊特鲁里亚语中的一系列鸟类名称被沿用了很久,证明当时存在与鸟占相关的参考书(例如"niuls",意为"猫头鹰")。由此我们推断,鸟占或许也存在于其他古意大利民族的文化之中,而伊特鲁里亚人创造了一套独特的解读体系,因此才有了上面提到的书籍。书中还应当包含如何举行观察仪式,以及如何解读占卜结果。

有些内容还规定了观察某些特定鸟类的时机。以燕子为例,如前所述,燕子与闪电和暴风雨紧密相关,但我们并不能确定最佳观测条件。尽管从直觉上来说,我们会选择晴朗、干扰(包括乌云、风和雨)较少的天气观测,因为某些特定的气象条件也会影响鸟类的飞行。作为观察对象的鸟类(分为吉利的和不吉利的)包括隼、

---

[1] 出现在希腊神话中的生物形象,特点为狮身鹰头长有双翅。——译者注

鹰、燕子、啄木鸟，还有其他一些长着翅膀却不会飞的品种，例如鸡。此外，还需要考虑到鸟的叫声、观测的区域、时间、日期、季节以及其他同时出现的异象，这让鸟占变得更加复杂，同时也使仪式更加规范化。

虽然上千年过去了，但人类的习俗与鸟类仍然紧密联系在一起。观察鸟类行为的做法再次派上用场，除了用于狩猎活动，还用于了解季节变化[1]或天气变化。例如，最近人们发现，一些大洋彼岸的夜莺可以通过特殊的超声波预报龙卷风的到来；还有那些与鸟相关的迷信：鸟类的不同行为被解释为吉兆或凶兆。意大利仍普遍存在一些迷信的说法，例如，白天听到雕鸮叫预示会有不愉快事情发生；晚上听到公鸡叫意味着诸事不宜；夜里听到苍头燕雀叫不宜出行；燕子掠过头顶不吉利，而在屋檐下发现鸟巢则是好兆头。最后，在基督教传统中，有一些鸟类逐渐成为善良和邪恶的化身，例如欧亚鸲——它摘下了耶稣头上的荆棘王冠，以减轻他的痛苦，但胸口被刺破，染上了鲜血的颜色。因此，欧亚鸲胸口的颜色也被视为一种神迹。那些与女巫崇拜等民间信仰相关的鸟类则被视为邪恶和不祥的象征，例如乌鸦、小嘴乌鸦、猫头鹰、雕鸮和仓鸮等。

---

[1]　现在人们仍能听到"乌鸦唱歌，冬天结束"，或者"独燕不成春"的说法。

图 56　戈尔贡陶土面具，伊特鲁里亚瓦檐饰，卡普亚某一神庙，

公元前 6 世纪初，那不勒斯国家考古博物馆

谈到鸟和恶魔之间的联系，自然要谈阿尔弗雷德·希区柯克1963 年的杰作《群鸟》。影片仅用开头的一个反乌托邦场景，就展现了自然对人类的报复，而这也是导演拍摄这部电影的初衷。他想知道，如果事物的秩序改变，人与动物的权力关系发生逆转，会发生什么。因此，他将鸟变成复仇者，以惩罚人类对自然的不断破坏。影片情节改编自达夫妮·杜穆里埃的同名作品，讲述了鸟群对人类的袭击，让人类深陷于恐惧和痛苦之中。也许只有悬疑大师希区柯克能将这样的情节搬上荧幕。在拍摄过程中，这些鸟类"演员"给剧组带来了不小的麻烦。例如，演员罗德·泰勒就曾被一只受过训练的乌鸦"骚扰"。这只乌鸦对他充满恶意，每次都准时在剧组的梁上等着追他啄他。

在这部电影中，其他议题也逐渐显露，并最终成为作品的中心主题：遗弃、孤独、对他人的恐惧以及人际关系的脆弱性。在观影过程中，观众可以看到鸟儿们团结在一起攻击人类，而人类却将自己封闭在孤独中，无法相互交流。

鉴于当前严重的环境问题，例如污染和全球气候变暖，这部影片展现的主题——人类对自然资源的过度开发，人与人之间无法沟通，以及人类对被抛弃的恐惧，无疑具有深刻的现实性。在希区柯克的电影中，人类无法与他人沟通，而在我们的日常生活中，人类忽略的却可能是来自大自然的信息。实际上，这些信息非常容易理解：我们需要保护拥有的资源，只有这样，红色啄木鸟有节奏的敲击声才不会消失，鸟儿所代表的真正的奇迹——世间万物无与伦比的美丽才不会消失。

流亡者　29

　　劳伦图姆位于阿尔代亚和台伯河入海口之间，相传它的建立者是古拉齐奥的国王皮库斯（Pico），他因拒绝喀耳刻求爱而被变成了啄木鸟（picchio）。在此之前，皮库斯与妙音仙女结合，生下了法翁。法翁的儿子是拉丁努斯，而拉丁努斯的女儿是拉维尼娅，也就是《埃涅阿斯纪》中鲁图利国王特纳斯与埃涅阿斯争夺的对象。

劳伦图姆原来是一片浓密的月桂树林，罕有人涉足，维吉尔曾对其赞颂有加。后来，劳伦图姆成了罗马人的避暑胜地，经历了一段繁荣期。然而，在共和国时期，它再度消失在人们的视野当中。此后，劳伦图姆只用来指托尔·帕泰尔诺附近的区域。

　　那不勒斯国家考古博物馆有一幅公元1世纪的著名壁画，提到了劳伦图姆。1825年，这幅壁画在庞贝西里科之家的卧躺餐厅[1]（triclinium）中被发现，描绘了维吉尔《埃涅阿斯纪》第七卷的故事。在与特纳斯交战时，埃涅阿斯被箭射中，这一瞬间被永远地定格在了壁画之中。

---

[1]　用于接待客人的房间。

图 57 医生亚皮斯为埃涅阿斯做手术，壁画，那不勒斯国家考古博物馆

这幅壁画之所以十分重要，是因为在所有描绘古代手术的文物中，这件是年代最久远的作品之一。壁画中的埃涅阿斯身穿盔甲，亚皮斯试图把箭头从他的腿上拔出来，埃涅阿斯的儿子阿斯卡尼俄斯站在他左侧，一副忧心忡忡的样子。这本是一个不可能的手术，但却在维纳斯的帮助下成功了——维纳斯带来了白藓枝，一种具有神奇治愈功能的植物。在埃涅阿斯身后，一些士兵正在观看手术，而在劳伦图姆的城墙前，与特纳斯的战斗仍在继续。埃涅阿斯将要完成一个英雄的使命，即逃离毁于战争的城市，踏上旅程，向外"移民"。实际上，维吉尔在《埃涅阿斯纪》的开头就将主人公称为"逃亡者"（profugus），也就是古代的"难民"（profugo）。

从特洛伊出逃的埃涅阿斯没有抛弃父亲安喀塞斯，而是把他扛在肩上救了出来，这种尊老观念是古代世界的基本价值。加拿大剧作家奥利维尔·凯梅德在《埃涅阿斯之旅》中也讲述了相似的故事：为寻找更好的未来，他的父亲带领凯梅德一家从埃及移民到加拿大，与埃涅阿斯的经历很像。

《埃涅阿斯纪》第一卷描述的内容将历史和当下更加紧密地联系在了一起。文中写道，主人公问狄多女王，"你们是什么人"，"竟有如此野蛮的风俗？禁止我们踏上你们的沙滩，向我们发起战争，不准我们登上陆地一步。"对此人们可能会提出异议，认为埃

图58　绘有《特洛伊陷落》场景的维文齐奥提水罐，雅典红彩陶器，

克莱奥弗拉德斯画家，公元前480年，那不勒斯国家考古博物馆①

涅阿斯回到意大利实际上是落叶归根，因为根据传说，达耳达诺斯[1]正是在离开此地后建立了特洛伊。因此，与其说埃涅阿斯是被迫离开特洛伊的"难民"（profugo），不如说是他是自己选择离开的"流亡者"（esule）。但这两种身份最终都共享一个名字，那就是孤独。另一方面，移民总是历史的一部分。

––––––––––

[1]　在希腊神话传说中，达耳达诺斯是天神宙斯和厄勒克特拉的儿子。——译者注

我们所知的民族迁移早在公元前2000年就已开始。古印欧人变成赫梯人、古希腊人和凯尔特人，异族入侵后产生了法兰克人、伦巴第人和斯拉夫人，当然还有阿拉伯人和土耳其人。相似的传统使不同文化相互重叠，不可避免地使许多文明遗忘了自己原本的文化。正如历史学家费尔南·布罗代尔所言，在游牧民族与定居民族千年的斗争中，永远都是后者占据优势，后者迫使前者适应新的风俗习惯，并丰富自身的文化。实际上，这种现象不只存在于久远的历史中。

让我们把目光投向意大利。据统计，1860—1970年，意大利总共有2500万人口向外迁移，既包括国内迁移，也包括国际迁移。国内方面，人口由农村向城市中心移动，造成农村地区人口减少；国际方面，大量意大利人迁往美国，带去了宗教、民间信仰、爱国主义、饮食文化和黑手党。正是在这一时期，人们逐渐形成了意大利人固守文化传统，拒绝同化融合的刻板印象。

在法西斯统治时期，以及后来的20世纪60年代初期，意大利再度出现了由南向北的人口迁移。这场迁移使意大利南方人成为种族主义的受害者，他们遭遇孤立排斥，被视为犯罪分子——这是一种彻头彻尾的文化暴力。时至今日，之前因缺乏发展前景而被遗弃的村庄，成了意大利北方人的休闲度假胜地，又或是被新的移民占据——这些新移民成为整个移民链条中的最末一环。

最后，拉丁语也能让我们反思移民现象。例如，"客人"（hospes）和"敌人"（hostis）在拉丁语中词源相同，这体现了"接纳他者，吸收新的文化"与"恐惧他者，捍卫国家边界"之间的微妙区别。每个人都可以评判埃涅阿斯或其他任何一个移民究竟是"客人"还是"敌人"，但我们也要记住，每个人也都有可能在某一天成为被评判的那个人。

图注：

①史诗《特洛伊陷落》留存至今仅有的少许片段，语法学家认为其作者是米莱托的阿尔克提努斯，这位诗人极有可能生活在公元前7世纪至前6世纪。作品以特洛伊木马开篇，描述了亚该亚军队对特洛伊的最后一次进攻。"特洛伊陷落"在艺术史中也指描绘亚该亚与特洛伊最后一场大战场景的作品。公元前475—前460年，尼多斯人在德尔菲神庙中建造了用于集会的大厅，古希腊画家波利格诺图斯在厅中创作了以"特洛伊陷落"为主题的绘画，这也为众多陶器绘画提供了模板，其中也许就包括由雅典画家绘制的提水罐。提水罐出土于诺拉的一个墓地，在被那不勒斯国家考古博物馆接手前，是收藏家维文齐奥的私人藏品，并由此得名。画中国王普里阿摩斯在家神的祭坛上，

怀中抱着浑身是血的阿斯提阿那克斯——赫克托尔的儿子。国王试图躲避阿喀琉斯的儿子——涅俄普托勒摩斯的剑击，在他脚下躺着一个特洛伊士兵。画面左边，在一棵棕榈树后，大埃阿斯正要侵犯赤裸的卡珊德拉，后者则紧紧拉着雅典娜女神像。紧接着是正准备从特洛伊逃走的埃涅阿斯、安喀塞斯和阿斯卡尼俄斯以及一个拿着武器的女人，她有可能是安德洛玛刻，正准备袭击一个跪着的士兵。她身后是忒修斯的儿子阿卡玛斯和得摩丰，两人救下了祖母埃特拉。

30　一个，零个，一万个神

我们访古巡礼的最后一站是永恒之城、世界之都——罗马。这里是天主教世界的核心，也是宗教冲突的战场——先是多神教与一神教，之后是基督教与其他宗教。

罗马帝国时期，地中海沿岸的宗教信仰非常复杂多样，存在许多拥有千年历史的古老崇拜。例如，古埃及人把法老当作神明崇拜，而有些民族则把动物奉为崇拜的图腾，尽管有时会遭到古罗马文学家的嘲笑；又或者，来到当时已知的世界，人们可以看到凯尔特人的自然主义崇拜，以及古希腊人祭祀奥林匹斯众神的仪式。意大利半岛同样存在各种类型的宗教，有明显受希腊影响的多神教，也有犹太教、基督教等一神教；有来自东方的宗教[1]，也有本土的伊特鲁里亚宗教。

公元 380 年，萨洛尼卡敕令颁布，基督教被奉为国教。在此之前，地中海沿岸传播最广的显然都是异教。我们只需稍稍思考一下"异教"[2]（paganesimo）这个词的词源，就会明白其中缘由。该词源自拉丁语"pagus"，是公元前 2 世纪至公元 4 世纪之间古罗马的行政区划术语，意为"村庄"，而这些村庄均受到古老崇拜的影

[1] 例如坎帕尼亚地区盛行的伊西斯崇拜。
[2] 在《当代汉语词典》中，"异教"一词有两种解释：一指非正统的教派，二指基督教称其他教派（含贬义）。本书中"异教"一般指基督教之外的其他教派，不带有贬义色彩。——译者注

响。每种扎根乡村的崇拜都有独有的仪式、颂歌、音乐和风俗：祭
司穿着纯白色的衣服，用动物献祭；神庙装饰有花环和其他饰品，
弥漫着香火和香料的味道；此外，人们还会举办各式各样的比赛和
展会，其间其他活动都要暂停。总之，异教也有节日，且大多被教
徒视为真正的假日。节日活动是村庄显示自身威望的机会，也是社
会上层人士发展新的政治、贸易关系的机会。

图59　高迪索斯铭文，那不勒斯国家考古博物馆

宗教仪式不仅以公共活动的形式出现，也涉及私人领域，因为
信徒与神的关系影响到个人生活的每个阶段——从出生到青春期，

再从成人到死亡。然而，人们需要严格遵守一系列的准则和规定。例如，一个完美的信徒必须精心庆祝节日，参加仪式，无论是公共活动，还是私人活动。此外，切不可犯下傲慢的罪过。"傲慢"（hybris）的概念源自古希腊，用来指那些因自大而冒犯神明的人。例如，在祭祀与丧葬仪式相关的神明时，可能要求用黑色的动物献祭，并用整晚的时间将动物烧成灰，即所谓的"燔祭"（olokaustos）。该习俗的名称源于希腊语，由"全部"（tutto）和"烧"（brucio）两词组合，意大利语词汇"olocausto"就是由此派生而来的。如果信徒没有严格遵守仪式规定，那他的行为就会被视为傲慢。人们认为，犯下傲慢之罪会立即招致严厉的惩罚。

异教崇拜仪式以祭祀神明为目的，人们也可能借机进行占卜，例如伊特鲁里亚的鸟占。通过这种方式，信徒可以解读未来，找出应对方法，或至少能够更从容地迎接即将发生的事。

上文提到仪式常常伴随着神明显灵的现象，荷马就曾对此多次提及。而这些故事中最著名、最有趣的要数潘神，他的突然出现会给人带来真正的恐慌。

从公元1世纪起，原有宗教新的敌人——基督教，开始在地中海沿岸传播。

基督教诞生于巴勒斯坦，吸收了大量犹太教教义，因此这两种宗教最初有很多相似之处。首先，基督教与犹太教都要求善待他人；其次，二者都蔑视异教，认为异教是不道德的，并且拒绝承认君主有神的属性。

异教和基督教历来无法和平共存。基督教虽然信徒众多，但还是很快遭到了迫害。对基督徒的迫害最早可追溯至公元64年，出自尼禄之手。大约200年后，德西乌斯颁布了一系列法令，试图消灭所有被认为具有"颠覆性"的宗教。公元313年，随着君士坦丁大帝颁布米兰敕令，基督教的命运迎来转折。法令宣布允许其他宗教存在，并且承认不同宗教具有同等重要性，人人都有信仰自由。从那时起，基督教开始迅速传播，以至于在不到70年后就被定为国教。

围绕这个新兴宗教逐渐形成了团体和集会，进而又出现了主教等重要人物，促进了真正意义上的教会的诞生。随着时间发展，在中世纪前期，基督教的礼拜仪式逐渐完善，越来越多的宗教建筑建立起来，信众与教士的组织构架也随之建立，其使命就是信奉和传播基督教。随着有关早期殉道者和封圣证据的发现，基督教地位在帝国大部分领土上得到进一步巩固。在无法完全取代原有宗教的地方，基督教也找到了同化的方式。例如，在当地建立教堂，让基督教与异教崇拜相互融合。之前章节提到的伊西斯崇拜，就被同化为了黑色圣母崇拜——古埃及女神伊西斯经常以深色皮肤出现。此外，在许多壁画和绘画作品中，她的姿态与后来哺育耶稣的圣母形象一致。基督教肖像显然受到异教的启发,不仅如此,许多异教的信条也被"进口"到基督教中,例如祷告,即祈求自己的需求(健康、新生和收获)得到满足,并以完全的忠诚,或改变政治信仰,甚至建立圣所作为回报。就连基督教教堂也是融合的产物——如果说这些地方最初因为异教仪式而被视作魔鬼的居所,那后来同样的地方则变成了"上帝之家"。

但也有一些概念被彻底重塑了,例如"傲慢之罪",这是异教中引起神明愤怒的主要原因。

从罗马帝国时期开始,为了合理化基督教的传播,有时甚至是将其强加给异教信徒,人们开始在异教中找出一系列证据,旨在证明基督教的出现是注定的,维吉尔《牧歌》第四章中的预言就提供了一个例子。根据预言,一个年轻人的到来,将会开启一个和平繁荣的崭新时代。这个年轻人对于异教徒而言是奥古斯都,但为了满足政治和宗教宣传的需求,后来被诠释为耶稣基督。

在基督教的冲击下,唯一尚能保持生命力的是伊特鲁里亚宗教。罗马帝国时期,君主也会通过鸟占等方法解读神的意愿,进而决定下一步的行动。伊特鲁里亚宗教和基督教具有一些相同的理念,从而促进了前者的普及。实际上,它是唯一的救世主塔吉斯创立的宗教。塔吉斯向信徒传授信条和占卜艺术,如同耶稣传播圣言。因此,伊特鲁里亚宗教属于"启示宗教",这些启示被写进了宗教典籍，其中一些是基于对死后世界明确的认知写成的。尽管如此，伊特鲁里亚宗教还是逐渐被基督教取代了。

几乎所有的古代宗教思想，都能在那不勒斯国家考古博物馆丰富的藏品中找到例证。坎帕尼亚大区和罗马[1]出土的一些铭文证明，在古代和古代晚期，当时最大的一神教——犹太教，已经出现在意大利。

这些出土的证据中就有［高］迪索斯铭文，可追溯至公元5世纪至6世纪。［高］迪索斯是一位来到那不勒斯的犹太主教，他的名字对应以撒。铭文写道："［这里埋葬着］长者［高］迪索斯，毛里塔尼亚公民，在世约80年，安息。"铭文下方是犹太教七分枝烛台，左侧能够勉强辨认出绿色的棕榈叶，人们在祈祷时将其和其他三种植物一起拿在手中；右侧是羊角号，用于邀请信众忏悔和祈求神的宽恕。

根据最早的史料记载，早在罗马帝国初期，犹太教就已在今天的波佐利地区广泛传播。亚历山大城的斐洛和弗拉维奥·约瑟夫斯二人发现了意大利最古老的犹太教铭文——克劳迪娅·阿斯特尔铭文。公元70年，克劳迪娅在耶路撒冷被捕，与成千上万囚犯一起被送往罗马。

---

[1]　例如来自蒙特韦尔德的地下墓穴中的文物，后作为波吉亚收藏来到了那不勒斯国家考古博物馆。

公元536年拜占庭被占领前夕,历史学家普罗科匹阿斯在那不勒斯发现了一个活跃的犹太教团体,他们很好地融入了基督教社会。之后,两个团体之间的关系恶化,但犹太教却一直存在至近代早期。因此,在接下来几个世纪中,大多数相关文献都来自那不勒斯,例如,20世纪初在阿莱纳恰一个墓地出土的碑文。这些碑文可追溯至公元5世纪至6世纪,那不勒斯国家考古博物馆展出了五件样品。几乎所有石碑上刻的都是拉丁语,只有一个例外,刻的是希腊语。碑文的格式和基督教铭文格式相似,但不乏典型的犹太符号和词汇,例如"shalom"(和平)和"shalom'l mənuhateka"(愿你安息)。一些死者明显是犹太人,还有一些是拉比。在坎帕尼亚的其他地区,包括卡普亚和阿贝里努姆[1]等地,人们找到了更多的证据。除了铭文,出土的油灯、戒指、图章也都证明了犹太教在这片土地上的传播。现在,我们有必要进一步对比基督教、犹太教和伊斯兰教这三大神教。

犹太教的独特性在于,亚伯拉罕[2]、以撒和雅各信奉的神是一致的。神与他创造的子民互动,将犹太人确定为神的选民,犹太人则需作为保证人和监护人,崇拜他唯一的神。从最初的宗教迫害

---

[1] 即今天阿特里帕尔达(Atripalda)。
[2] 亚伯拉罕是传说中古希伯来民族和阿拉伯民族的共同祖先。被犹太教、基督教和伊斯兰教都奉为始祖,是以撒之父,雅各之祖父。——译者注

开始，犹太人开始散居在整个地中海地区，从亚历山大到罗马[1]。这些散居的犹太人与耶路撒冷和圣殿（犹太教的象征和祭祀场所）都保持着联系。犹太人拒绝向多神教妥协，老普林尼在其著作《自然史》中曾记载了他们对其他宗教神明毫不容忍的特点。唯一的例外是受古希腊影响的亚历山大犹太教团体，得益于斐洛的著作，他们试图调和宗教经典（其中许多被译成了希腊语）和柏拉图哲学的关系。

随着基督教的传播，人们对上帝的理解发生了改变，上帝成为了圣父、耶稣基督和圣灵的三位一体。此外，人们不再认为上帝与信众有历史的联系，而是将其抬升至超越世俗的存在。然而，犹太教团体不承认三位一体。当时的犹太教徒普遍认为，基督教徒想取消犹太民族作为"上帝的选民"的地位，偷走他们的上帝。另一方面，随着米兰敕令的颁布，基督教在政治上也占据优势，开始迫害犹太教。同时，基督教一边吸收其他宗教，一边试图让更多的异教信徒皈依基督教。例如我们之前提到，用圣人崇拜取代多神崇拜就是基督教和一些异教信仰融合的结果之一。

基督教与犹太教在同一片土地上共存本来已非常困难，但东方

---

[1]　意大利的犹太人还分布在奥斯蒂亚、热那亚、博洛尼亚、拉文纳、那不勒斯、庞贝和塔兰托等城市。

图 60　以弗所阿尔忒弥斯雕像，黄色雪花石膏，公元 2 世纪，哈德良别墅，

蒂沃利，法尔内塞收藏，那不勒斯国家考古博物馆①

又出现了新的威胁——"安拉的骑兵"，他们穿越阿拉伯沙漠来到西方，传播先知穆罕默德创制的新宗教。这种宗教是对被誉为"信徒之父，上帝之友"的亚伯拉罕教义的回归。在"安拉的骑兵"看来，信仰需要重建，因为犹太人和基督徒对其做出了改变。伊斯兰教经典《古兰经》被认为是永恒、真实的上帝箴言，只存在唯一的上帝来立法、审判、统治、指示和决定，人们不能向他提问，只能服从他的意志。毫不意外，"伊斯兰"的含义正是"服从，放弃，将自己完全交付给神"。任何追随自己理智和热情的人都背负着名为"shirk"的罪行。阿拉伯人用"shirk"指多神论，因为"shirk"的词根与动词"连接"（associare）相关。因此，在伊斯兰教中，将唯一的上帝和其他的神联系在一起是十分严重的罪行。伊斯兰教最基本的教义一直是"tawhid"，即肯定"神的统一性和唯一性"。

《古兰经》中提到犹太人和基督教徒争执不休，无法从圣经中预知穆罕默德的降临。正是在这种对抗的气氛中，伊斯兰教将自己视作唯一真理的复兴者，并试图把这种想法强加给他人。

虽然人们谈论着唯一的上帝，唯一的信仰和唯一的团体——这些是普世教会合一运动的基础，但历史上调和三种信仰并不容易，当前依旧如此。从《圣经》开始，人们对其就有不同的解读。伊斯兰教对三位一体的提法感到惊恐，坚决否认这一概念和圣灵的具象化，但却承认耶稣的预言和圣母纯洁受孕，而犹太教却不承认这两点。至于犹太教，伊斯兰教不承认以色列人是上帝选民的说法，认为他们的历史和宗教与所有其他民族的并无二致。

然而，三大宗教也并非不能和平共处，位于巴格达的智慧馆就是一个融合的案例。智慧馆是阿拉伯世界最大、最著名的图书馆，由哈里发马蒙建立，是世界上最负声望的文化机构之一。该馆建成于公元832年，最初是哈里发拉希德的私人图书馆，在很短时间内收集了大量希腊语、叙利亚语、波斯语、科普特语和梵文藏书，总计约50万册（超过亚历山大图书馆的藏书量）。该图书馆也是伟大的哲学家和学者云集的地方。据说，犹太教、基督教和伊斯兰教学者在此地举行会议，致力于翻译希腊语作品。几个世纪后，类似的情景也出现在了腓特烈二世的宫廷中。

哲学家费尔南·布罗代尔的洞见令人钦佩，他指出，雅典和耶路撒冷为地中海文明的发展奠定了基础，是西方文化和思想的摇篮。然而，两千多年过去了，有越来越多的人忘记了这一点。因此，我们不得不面对那些为争夺宗教优势地位而发动的战争，或以某个上帝的名义发动的大屠杀。如果我们仔细阅读教义，或者换一种解读方式，就会发现，上帝绝不会赞同这些大屠杀。

我们拥有的文化遗产在当下融合了集体主义和个人主义，是多样的，包容的。在此基础上，人们的目标应当是构建一个理想的世界，使不同的哲学、文化和宗教得以和平共存。

谈到包容性，印度著名诗人泰戈尔[1]发表过深刻的见解，我希望用他的话来结束我们的旅程。泰戈尔写道："当一个宗教妄想使全人类都成为它的信徒，宗教就退化成了一种暴政，变成了一种帝国主义。"这句话揭示了文化、尊重和思想开放之间应有的一种平衡，也许全世界的学校都应该教授这种思想。

图注：

①19 世纪，该雕塑从罗马运到那不勒斯，头部、双手和双脚都经过修复。雕塑为哈德良时期以弗所圣殿内神像的复制品，其姿态显示了雕像原作的古代风格。阿尔忒弥斯是自然女神和野兽的女主人，身上装饰有狮头、猪脸、马、公牛、蜜蜂、斯芬克斯和花朵浮雕。雕塑上半身布满乳房，但也有人认为是献给女神的公牛阴囊：人们将阉割后的公牛阴囊献给女神，是为了彰显阿尔忒弥斯的权力，并确保女神给予人类生殖力。还有人认为，这些囊袋可能是献给以弗所"蜂后"（也就是阿尔忒弥斯）的蜂蜜，因为女祭司又被称为"melissai"（蜜蜂），而男祭司则被称为"essenes"（雄蜂）。在蜡菊和橡子围成的胸带上，

---

[1]　泰戈尔于 1913 年获得诺贝尔文学奖，成为第一位欧洲以外获得该奖项的作家。

有两个带翅膀的女性形象和白羊座、金牛座、双子座、巨蟹座和狮子座星图。女神的独特之处还包括头上的圆形光环和卡拉索斯帽,帽子形似塔楼或城墙。在《使徒行传》中,圣保罗到以弗所传教,遭到当地人民的强烈排斥。

结语

公元 416 年前后，鲁蒂乌斯·纳马蒂亚努斯创作了一首题为《归乡之旅》的小诗，其中有几句对地中海地区一直以来的文化多样性具有启示意义。鲁蒂乌斯出生于纳博讷高卢，父亲曾是图西亚的长官。公元 414 年，他在罗马担任行政官。之后，哥特人不断入侵高卢，他被迫离开罗马，回到家乡守护家业。为避免在已被破坏的古罗马大道上遭遇危险，鲁蒂乌斯选择海路返回，从位于台伯河入海口以北几千米的奥古斯都港出发，中途多次经停古伊特鲁里亚的港口。

出发后的第四天，鲁蒂乌斯在法莱西亚[1]靠岸，并参加了祭祀俄塞里斯的盛典。之后，他寻找落脚之处，住进了一位犹太人开的旅店。这位老板"比安提帕特斯[2]还难对付"，向鲁蒂乌斯收取了高额费用，这让他对犹太人怀恨在心。第五天，鲁蒂乌斯重新启程，途经卡普拉亚岛，看到上面住着修士。

---

[1] 极有可能是今天的皮翁比诺（Piombino），距离古波普洛尼亚（Populonia）不远，在许多年前是伊特鲁里亚最重要的冶金城市。

[2] 安提帕特斯是巨食人族部拉落斯忒吕戈涅斯的国王，奥德修斯曾不幸遇上他。

　　旅程就在这里告一段落，因为我们已经有足够多的元素来反思鲁蒂乌斯遇到各种不同的文化。透过鲁蒂乌斯的双眼，我们看到，在这片古伊特鲁里亚人曾经居住的土地上（人们说着"孤立"的语言，即使同时代的人也难以理解），正举行祭祀古埃及神祇俄塞里斯的仪式，而庆典的组织者很有可能是重获自由的埃及奴隶。此外，旅店的老板是犹太人，在他身上，犹太人与放高利贷和金钱挂钩的认知已见雏形，这种想法之后变成了悲剧性的刻板印象。

　　不仅如此，基督教虽然在君士坦丁的推动下成为国教，但在农村地区的影响力却十分有限。这些地方只有一些零散的修道院，卡普拉亚岛就是例子。曾试图调和文化多样性的罗马帝国已摇摇欲坠，随处可见荒废的别墅、变成潟湖的海岸和年久失修的道路。哥特人和其他来自北方未被征服地区（例如今天瑞典和德国所在的区域）的异族威胁要打破持续百年的平衡，并试图主宰一个新的时代——中世纪。

　　也许鲁蒂乌斯本人正是当时帝国最好的诠释者，虽然他并非来自意大利，更不是罗马人，但他在那里生活，并融入了当地社会。他精通古典文化，能够创作拉丁语对句，并经常引用神话传说。蓝色的大海再一次跨越时空，将不同民族的地理、历史和风俗习惯完美地连接在了一起。

　　那么，这个故事背后隐藏着什么极具现实性的寓言呢？

地中海的丰富性和深层特质在于其差异性，这种差异性在不同文化接触、有时甚至是碰撞流血的过程中逐渐弱化调和，走向平衡。自古以来，地中海这个"好客的母亲"总能够接纳所有人：无论是那些原本就在这里的人，还是那些似乎在某个时期占主导地位的人，又或者那些来自远方的人——他们已经成为这里不可或缺的一部分。

因此，我们认为，以走近那不勒斯国家考古博物馆 30 件藏品作为起点，可以帮助我们理解地中海的文化复杂性，以及东西方所有文化之间千丝万缕的联系。

这并不意味着丢失自身特质，其本质是告诫我们，不要仅仅透过由"自己"接受的教育和知识所形成的有色镜片去观察历史。顺着这种逻辑，让所有人的声音都被听到，包括那些被打败的民族，或是被定义为"破坏者"的民族，这将使我们不断成长。以日耳曼人为例，他们入侵罗马帝国是迫于资源短缺，或匈奴等其他民族的威胁。从他们的角度来看，他们要做的不在于推翻古代世界，而是要生存。

因此，踏上这段旅程，就意味着准备感受"惊奇"（本书标题正由此得来）。在明显的差异背后，人性是相通的，是能够跨越时空的，这不仅是出于人类的原始需求，也是出于进步的意愿。

这场旅程也能让我们明白，文化是治愈不信任病毒的唯一解药,而博物馆应当像学校一样,有责任批判地传播知识,而非原封不动地照搬。

本书写于各种活动被强制摁下暂停键的一年,或许这能够变成一个新的契机,激励更多人用不同的形式讲述故事,因为这场悲剧重新将我们连接在一起。

我们的旅行仍将继续,每个人都追随着一颗彗星,它将引领我们追寻最大的梦想——可能是爱,是信仰,或者是文化。

但不要忘记那群和我们一起旅行,追寻相同梦想的人。如果旅程中未曾与他们交谈,未曾深入了解他们,未曾与他们分享喜怒哀乐,那我们会发现自己在干旱孤寂的荒漠中踽踽独行。

不要抛弃人类的车队,在最坏的情况下,我们也能在晚上露营时升起篝火,一起开怀大笑。

博物馆的意义正在于此。

拓展阅读

Alighieri, Dante, *La Divina Commedia*, BUR, Milano 2015.

Andronikos, Manolēs, *The Finds from the Royal Tombs at Vergina*, Oxford University Press, Oxford 1981.

Apicio, *De re coquinaria: Antologia di ricette*, Viennepierre, Milano 2004.

Apollodoro, *Biblioteca*, Mondadori, Milano 2019.

Apollonio Rodio, *Argonautiche*, Mondadori, Milano 1985.

Apuleio, *L' Asino d' oro o Le Metamorfosi*, BUR, Milano 1999.

Arslan, Ermanno (a cura di), *Iside. Il mito, il mistero, la Magia*, *catalogo della mostra*, Mondadori Electa, Milano 1997.

Bettini, Maurizio-Lentano, Mario, *Il mito di Enea*, Einaudi, Torino 2013.

Braudel, Fernand, *Il Mediterraneo*, Bompiani, Milano 2017.

Brinkmann, Vinzenz (a cura di), *Gods in Color: Polychromy in the Ancient World*, Prestel Pub., London 2017.

Capaldi, Carmela-Zevi, Fausto, *La collezione epigrafica*, Mondadori Electa, Milano 2017.

Cappelli, Rosanna-Lomonaco, Annalisa, *Il Museo Archeologico di Napoli*, Mondadori Electa, Milano 2015.

Casson, Lionel, *The Periplus Maris Erythraei: Text With Introduction, Translation, and Commentary*, Princeton University Press, Princeton 1989.

Chen Xuan, *Eastern Han (AD 25-220) Tombs in Sichuan*, Archaeopress, Oxford 2015.

Ciani, Maria Grazia, *Medea. Variazioni sul mito*, Marsilio, Venezia 2003.

Cicerone, *De Divinatione*, Garzanti, Milano 2006.

Cigliano, *Giuliana*, *Clio. Saggi di scienze storiche, archeologiche e storico-artistiche*, FedOA Federico II University Press, Napoli 2020.

Columella, *L' arte dell' agricoltura*, Einaudi, Torino 1997.

De Caro, Stefano, *Il Museo Archeologico Nazionale di Napoli*, Mondadori Electa, Milano 1995.

De Martino, Ernesto, *Sud e Magia*, Feltrinelli, Milano 2013.

Diodoro Siculo, *Biblioteca Storica*, BUR, Milano 2016.

Euripide, *Medea*, BUR, Milano 2013.

Faraone, Domenico, *I vulcani e l' uomo. Miti, leggende e storia*, Liguori, Napoli 2002.

Floro, *Epitome*, Edizione critica e commento a cura di J. Giacalone Deangeli, Utet, Torino, 1969.

Fraschetti, Augusto, *Roma e il Principe*, Laterza, Roma-Bari 1990.

Garzetti, Albino, *L' impero da Tiberio agli Antonini*, Cappelli, Bologna 1960.

Gasparri, Carlo, La collezione Farnese, Mondadori Electa, Milano, 2009.

Gignoux Philippe, *Le livre d' Ardā Vīrāz – Translittération, transcription et traduction du texte pehlevi*, Éditions Recherche sur les Civilisations, Paris 1989.

Giovenale, *Satire*, Feltrinelli, Milano 2013.

Giulierini, Paolo-Giacco, Marialucia, *La collezione Magna Grecia*, MondadoriElecta, Milano 2019.

Giulierini, Paolo-Sampaolo, Valeria-Zevi, Fausto-Spina, Luigi (a cura di), *Mosaico di Alessandro*, 5 Continents Editions, Milano 2020.

Graves, Robert, *I miti greci*, Longanesi, Milano 1992.

Hillman, James, *Saggio su Pan*, Adelphi Edizioni, Milano 1977.

Kawamura, Ewa, *Alberghi storici dell' isola di Capri. Una storia dell' ospitalità tra Ottocento e Novecento*, La Conchiglia, Capri 2005.

Kerényi, Károly, *Gli dèi e gli eroi della Grecia*, Il Saggiatore, Milano 2015.

Laceranza, Giancarlo, *Le iscrizioni giudaiche in Italia dal I al VI secolo: tipologie, origine, distribuzione*, Beni culturali ebraici in Italia, Roma 2003, pp. 71-92.

Lamberti, Gaetano, *Le janare*, Il seme bianco, Roma 2019.

Lane Fox, Robin, *Alessandro Magno*, Einaudi, Torino 2019.

Lapham, Lewis, *I Beatles in India*, Edizioni E/O, Roma 2007.

Livio, *Storia di Roma e della sua fondazione*, BUR, Milano 1986.

Malini, Roberto, *Pan dio della selva*, Edizioni dell' Ambrosino, Milano 1998.

Mille e una notte, Feltrinelli, Milano 2019.

Mele, Alfonso (a cura di), *Dalla Troade a Cuma Opicia. Gli Eoli, la sibilla, Apollo Smintheo*, Scienze e lettere, Roma 2019.

Meineke, Augustus, *Fragmenta poetarum comoediae antiquae*, Berlino 1839.

Milanese, Andrea, *Album Museo. Immagini fotografiche ottocentesche del Museo Nazionale di Napoli*, Mondadori Electa, Milano 2009.

Miranda, Elena, *Iscrizioni giudaiche del napoletano*. In Rinaldi, Giancarlo-Cirillo, Luigi, *Roma, la Campania e l' Oriente cristiano antico: Giubileo 2000*. Atti del Conv. di Studi, Napoli 9-11 ottobre 2000. Napoli, 9-11 ottobre 2000, Università degli studi di Napoli L' Orientale, Napoli 2004, pp. 189-209.

Moscati, Sabatino (a cura di), *I Fenici, catalogo della mostra*, Bompiani, Milano 1988.

Namziano Rutilio, *Il ritorno*, Einaudi, Torino 1997.

Nappo, Dario, *I porti romani nel Mar Rosso da Augusto al Tardoantico*, FedOA - Federico II University Press, Napoli 2018.

Nizzo, Valentino (a cura di), *Gli Etruschi e il Mann, catalogo della mostra*, Mondadori Electa, Milano 2020.

Novello, Marta-Tiussi, Cristiano (a cura di), *Volti di Palmira ad Aquileia*, Gangemi, Roma 2017.

Nucci, Matteo, *Achille e Odisseo. La ferocia e l' inganno*, Einaudi, Torino 2020.

Omero, *Iliade*, BUR, Milano 1999.

Ovidio, *Metamorfosi*, Einaudi, Torino 2015.

Pani, Mario, *Lotte per il potere e vicende dinastiche. Il principato fra Tiberio e Nerone*, in: Schiavone, Aldo - Momigliano, Arnaldo (a cura di)，*Storia di Roma*，Einaudi，Torino 1990.

Psarras Sophia-Karin，*Han Material Culture*，Cambridge University Press，Cambridge 2015.

Picasso，Pablo，*Metamorfosi*，catalogo della Mostra，Skira，Milano 2018.

Pindaro，*Pitiche*，BUR，Milano 2018.

Plinio，*Storie naturali*，BUR，Milano 2015.

Plutarco，*Vite parallele. Pericle e Fabio Massimo*，BUR，Milano 1991.

—，*Vita di Alessandro*，Edizioni Studio Tesi，Roma 1999.

Poignault，Rémy-Lecocq，Françoise-Wattel-De Croizant，Odile（a cura di），*D' Europeà l' Europe*，*II : Mythe et identité du XIX e siècle à nos jours*，in « Caesarodunum »，XXXIII bis，Actes du colloque tenu à Caen，30 septembre - 2 octobre 1999，Centre Recherches A. Piganiol，Tours 2000.

Poignault，Rémy-Wattel-De Croizant，Odile（a cura di），*D' Europe à l' Europe*，*I : Le mythe d' Europe dans l' art et la culture de l' Antiquité au XVIII e siècle*，in « Caesarodnum »，XXXI bis，Actes du colloque tenu à l' ENS，Paris（24-26 abril 1997），Centre Recherches A. Piganiol，Tours 1998.

Polo, Marco, *Il Milione*, BUR, Milano 2011.

Rayer, Ghislaine-Gaulupeau, Patrice, Bikine. *La légende*, Michel Lafon, Neuilly-sur-Seine 2016.

Robert, Jean-Noël, *Da Roma alla Cina*, LEG Edizioni, Gorizia 2018.

Sampaolo, Valeria, *La pittura pompeiana*, Mondadori Electa, Milano 2009. Sampaolo Valeria (a cura di), *Gladiatori, catalogo della mostra*, Mondadori Electa, Milano 2021.

Sampaolo Valeria-Spina Luigi, *Tazza Farnese*, 5 Continents Editions, Milano 2018.

Saffo, *Poesie*, BUR, Milano 1987.

—, *Poesie, frammenti e testimonianze*, Rusconi libri, Santarcangelo di Romagna, 2017.

Salza Prini Ricotti, Eugenia, *Giochi e giocattoli*, Quasar, Roma 1996.

Shelach-Lavi Gideon, *The Archaeology of Early China: from Prehistory to the Han*, Cambridge University Press, Cambridge 2015.

Stazio, *Achilleide*, BUR, Milano 1994.

Strabone, *Geografia*, BUR, Milano 2020.

Suhadolnik Nataša Vampelj, *Asian Studies: Meaning and Transfor-*

mation of Chinese Funerary Art during the Han and Wei Jin Nanbei Periods, Ljubljana University Press, Faculty of Arts, Lubiana 2019.

Sun, Jason Zhixin, with contributions by Hsing, I-Tien-Liu, Cary Y. -Lu, Pengliang-Lan-ying Tseng, Lillian-Hong, Yang-Yates, Robin D. S. -Zhang, Zhonglin Yukina, *Age of Empires: Art of the Qin and Han Dynasties*, Met, New York 2017.

Tucidide, *La guerra del Peloponneso*, BUR, Milano 1996.

Virgilio, *Eneide*, Einaudi, Torino 2014.

Yang Xiaoneng, *New Perspectives on China's Past: Chinese Archaeology in the Twentieth Century* 2 voll. , Yale University Press in association with Nelson-Atkins Museum of Art, New Haven, CT, and Kansas City 2004.